Ténérife
Guide de voyage 2024

Les meilleurs endroits à visiter sur l'île

Smith G. Praise

Droits d'auteur © **Smith G. Praise, 2024**.

Tous droits réservés. Aucune partie de cette publication ne peut être reproduite, distribuée ou transmise sous quelque forme ou par quelque moyen que ce soit, y compris la photocopie, l'enregistrement ou d'autres méthodes électroniques ou mécaniques, sans l'autorisation écrite préalable de l'éditeur, sauf dans le cas de brèves citations incorporées. dans les critiques critiques et dans certaines autres utilisations non commerciales autorisées par la loi sur le droit d'auteur.

CONTENU

Mon voyage à Tenerife

Introduction à Ténérife
Bref historique de l'île
Ce qui rend Tenerife unique

Apprendre à connaître Tenerife
Climat et géographie
La faune et la flore
Diversité culturelle et traditions

Planifier votre voyage à Tenerife
Meilleur moment pour visiter
Comment se rendre à Ténérife
Exigences de visa et documents de voyage
Meilleures offres de vols
Budgétisation de votre voyage à Tenerife

Régions et villes de Tenerife
Explorer Santa Cruz de Ténérife
À la découverte de Puerto de la Cruz

    S'aventurer à La Orotava

    Découvrez les charmes de La Laguna

    Itinérance autour d'Adeje

    Explorer d'autres villes et villages remarquables

Meilleures attractions à Ténérife

    Mont Teide : le plus haut sommet d'Espagne

    Parc national du Teide

    Parc rural d'Anaga

    Les géants

    Parc aux perroquets

    Parc Siam

    Masque de village

    Garachico

    Pyramides de Güímar

Activités de plein air à Ténérife

    Sentiers de randonnée et de trekking

    Pistes cyclables

    Sports nautiques

    Terrains et clubs de golf

Excursions d'observation des baleines et des dauphins

Expériences culturelles

Musées et galeries d'art

Sites historiques et monuments architecturaux

Cuisine et gastronomie canarienne

Fêtes et événements traditionnels

Marchés locaux et artisanat

Informations pratiques pour les voyageurs

Options d'hébergement

Dîner et manger au restaurant

Transport

Conseils de sécurité et contacts d'urgence

Guide d'initié à Tenerife

Attractions hors des sentiers battus

Joyaux cachés et endroits secrets

Conseils pour éviter les foules

annexe

Applications utiles

Itinéraire de 3 jours

Itinéraire de 7 jours

Mon voyage à Tenerife

Lors du récent voyage à Tenerife, l'expérience a été tout simplement fascinante. Tenerife, une île espagnole située dans l'océan Atlantique, est réputée pour ses paysages époustouflants, ses écosystèmes diversifiés et sa culture dynamique. Dès l'arrivée, l'île a captivé par sa beauté à couper le souffle et son atmosphère accueillante.

Explorer Tenerife signifiait se plonger dans un kaléidoscope de merveilles naturelles. La présence imposante du mont Teide, le plus haut sommet d'Espagne, dominait l'horizon, sa silhouette majestueuse étant visible depuis différents points de vue à travers l'île. Une visite au parc national du Teide a offert un aperçu du passé volcanique de l'île, avec un terrain accidenté, des paysages lunaires et des formations rocheuses surréalistes laissant une impression indélébile.

En s'aventurant au-delà des paysages volcaniques, Tenerife dévoile son côté luxuriant et verdoyant. La région nord de l'île, caractérisée par des forêts luxuriantes et de charmants villages, constitue un refuge tranquille loin des zones touristiques animées. Une randonnée dans le parc rural d'Anaga, avec ses anciennes forêts de lauriers et ses sommets enveloppés de brume, donnait l'impression d'entrer dans un monde de conte de fées, épargné par le temps.

Bien entendu, aucun voyage à Tenerife ne serait complet sans profiter de ses délices côtiers. L'île possède de nombreuses plages magnifiques, chacune offrant son propre charme unique. Qu'il s'agisse de se prélasser sur le sable doré de Playa de las Teresitas ou d'explorer les criques cachées le long de la côte accidentée, les occasions ne manquaient pas pour profiter du soleil et savourer la tranquillité de l'océan.

Loin des merveilles naturelles, le patrimoine culturel de Tenerife offre une riche mosaïque d'expériences. L'exploration des rues historiques de La Laguna, site classé au patrimoine mondial de l'UNESCO, a offert un aperçu du passé colonial de l'île, avec des façades colorées et des rues pavées évoquant un sentiment de nostalgie. Pendant ce temps, la vibrante capitale de Santa Cruz bourdonnait de vie, avec ses marchés animés, ses places animées et sa scène culinaire éclectique mettant en valeur les diverses influences culturelles de l'île.

Au fil des jours, chaque instant passé à Tenerife semblait s'entremêler pour former une tapisserie d'expériences inoubliables. Qu'il s'agisse de faire une randonnée à travers des paysages volcaniques, de se prélasser sur des plages ensoleillées ou de s'immerger dans la riche culture de l'île, Tenerife a laissé une marque indélébile dans l'âme, témoignage du charme durable de cette île paradisiaque enchantée.

Introduction à Ténérife

Bref historique de l'île

Fondations préhistoriques : une genèse volcanique

Avant l'arrivée de toute civilisation humaine, Tenerife était un chantier en cours. D'immenses forces volcaniques se sont battues pour la domination, façonnant l'île sur une période de trois millions d'années. De trois îles distinctes, composées des chaînes de montagnes Anaga, Teno et Valle de San Lorenzo, a émergé une masse continentale unifiée. Les éruptions incessantes du mont Teide, le sommet volcanique emblématique de l'île, ont fusionné ces masses continentales distinctes pour former le Tenerife que nous reconnaissons aujourd'hui.

L'ère Guanche : une culture unique et isolée

Les premiers habitants de Tenerife étaient les Guanches, un peuple berbère qui aurait émigré d'Afrique du Nord aux alentours du 1er siècle avant JC. Cette société énigmatique possédait des connaissances en matière d'agriculture et d'élevage et avait un profond respect pour le monde naturel et sa lignée ancestrale. Un élément intéressant de la culture Guanche est l'observation selon laquelle certains possédaient des cheveux blonds et une apparence résolument scandinave, un contraste marqué avec les Espagnols qui domineraient l'île au cours des siècles suivants. La société Guanche était organisée en neuf royaumes, chaque territoire étant dirigé par un personnage connu sous le nom de « mencey », ou roi. Ils vivaient en relation harmonieuse avec leur environnement, résidant principalement dans des grottes ou de simples structures en pierre.

La conquête espagnole : un choc des cultures
La tranquillité de Tenerife a changé irrévocablement avec l'arrivée des expansionnistes espagnols au XVe siècle. Poussés par une soif de nouveaux territoires et de ressources, les Espagnols se heurtent aux Guanches, qui résistent farouchement à l'invasion. Tenerife, en fait, a gagné la distinction d'être la dernière île des Canaries à céder au contrôle espagnol en 1496. Cette époque de conquête a été tragiquement définie par des batailles brutales, des épidémies de maladies inconnues et l'esclavage de la population Guanche. Les Guanches qui ont survécu à la conquête ont été lentement absorbés par la culture

espagnole, un processus qui a conduit à l'érosion de leur langue et de leurs pratiques culturelles uniques.

La période coloniale

Avec Tenerife fermement sous leur contrôle, les Espagnols transformèrent l'île en un port essentiel et un avant-poste stratégique de leur vaste empire. Les colons sont arrivés en masse, venus non seulement d'Espagne mais aussi du Portugal, d'Italie, d'Allemagne et d'ailleurs. Des Africains réduits en esclavage ont également été amenés de force sur l'île, ajoutant une autre dimension à la population de plus en plus diversifiée de Tenerife. Économiquement, l'île a d'abord prospéré grâce à la production et au commerce de sucre, de vin, de cochenille (un colorant prisé) et d'autres produits destinés aux marchés d'Europe et des Amériques. Cependant, cette période était loin d'être paisible, avec des pirates, des épidémies, des famines et des éruptions volcaniques qui constituaient des menaces constantes pour les habitants de l'île.

Les temps modernes

Aux XVIIIe et XIXe siècles, Tenerife a été secouée par une vague de changements sociaux et politiques. Le libéralisme s'est répandu, l'esclavage a finalement été aboli, le sentiment nationaliste s'est réveillé et l'île a été entraînée dans la guerre civile espagnole dévastatrice. Les difficultés économiques, l'émigration et un profond sentiment d'isolement ont également défini cette époque. Pourtant, le XXe siècle a apporté une vague de modernisation et de développement à l'île. Le tourisme est devenu une industrie dominante, parallèlement aux progrès d'autres secteurs et services. Tenerife a progressivement acquis une autonomie accrue au sein des îles Canaries et de l'Espagne dans son ensemble. Aujourd'hui, l'île se présente comme une société cosmopolite dynamique, ses luttes et ses triomphes passés étant à jamais tissés dans le tissu de son riche patrimoine.

Ce qui rend Tenerife unique

Paysages façonnés par le feu

L'attraction la plus frappante de Tenerife est sans aucun doute le majestueux mont Teide. Ce volcan endormi, la plus haute montagne de toute l'Espagne, domine le paysage.

Autour du mont Teide se trouve le parc national du Teide surnaturel, témoignage des origines volcaniques de l'île. Ici, des paysages lunaires de lave durcie, de formations rocheuses bizarres et d'une beauté presque extraterrestre s'étendent à perte de vue. Que vous choisissiez d'explorer cette incroyable région à pied, à vélo ou même en prenant un téléphérique jusqu'au sommet du volcan, vous serez témoin de panoramas uniques sur Terre.

Des plages pour tous les goûts
Tenerife comprend qu'aucune expérience de plage n'est universelle. L'île offre une gamme étonnante d'options pour plaire à tous les amoureux de la plage. Que vous envisagiez le sable doux et doré comme à Playa de las Teresitas, la beauté spectaculaire des galets volcaniques noirs ou la tranquillité des criques cachées et des piscines naturelles, Tenerife vous offre. Des destinations populaires comme Playa de las Américas et Playa del Duque accueillent une foule animée, tandis que d'autres joyaux offrent isolement et beauté naturelle. Au-delà des bains de soleil, les voyageurs plus aventureux peuvent également trouver leur terrain de

jeu au milieu des vagues avec d'excellentes possibilités de surf, de plongée et de kayak.

Le Carnaval de Santa Cruz de Tenerife

S'il y avait une raison de visiter Tenerife en février, le carnaval annuel de Santa Cruz de Tenerife serait en tête de liste. Cette célébration éblouissante est considérée comme l'un des carnavals les plus grands et les plus animés de la planète, souvent comparée à l'extravagance de Rio de Janeiro. La capitale de l'île éclate dans une symphonie de costumes époustouflants, de musique incessante, de danses joyeuses et de défilés qui serpentent dans les rues. Le carnaval n'est pas seulement un spectacle ; c'est une célébration corsée de la créativité, de la diversité culturelle et de la simple joie de vivre.

Là où les cultures se rencontrent

Tenerife est une île chargée d'histoire, reflétant une tapisserie diversifiée tissée d'influences de ses habitants autochtones, des conquérants espagnols, de l'héritage africain et même de l'Amérique latine. Les voyageurs curieux peuvent se plonger dans le passé de l'île dans des musées comme le Musée de la Nature et d'Archéologie, le Musée d'Histoire et d'Anthropologie et le Musée des Beaux-Arts. De plus, des villes comme La Laguna, La Orotava et Garachico préservent l'essence architecturale de l'époque coloniale, permettant aux visiteurs de se promener dans l'histoire vivante de l'île.

Saveurs de l'île

La fraîcheur et les ingrédients locaux sont les piliers de la délicieuse cuisine de Tenerife. L'exploration des marchés traditionnels animés, des restaurants intimes et des bars animés présente au voyageur un monde de saveurs uniques. Pour vraiment goûter Tenerife, essayez les emblématiques papas arrugadas (« pommes de terre ridées ») servies avec la sauce mojo vibrante. Goûtez à la richesse copieuse de la ropa vieja (un ragoût de viande râpée) ou aux saveurs réconfortantes du puchero canario (un ragoût traditionnel des Canaries). Les délicieux vins de l'île, les fromages locaux et les desserts alléchants offrent une touche finale sucrée à toute exploration culinaire.

Terrain de jeu naturel

Pour les amoureux de la nature, Tenerife est un rêve absolu. Les divers écosystèmes vont des anciennes forêts de lauriers de la région d'Anaga aux imposantes forêts de pins de Corona Forestal et aux falaises spectaculaires de Los Gigantes. Les amoureux des animaux ne seront pas déçus non plus : vous pourrez apercevoir la crécerelle des Canaries planant au-dessus, le fascinant lézard géant ou même la forme majestueuse d'un grand dauphin gambadant dans les eaux côtières. Une visite au Loro Parque, un zoo et un jardin botanique abritant une étonnante collection de plus de 4 000 animaux, ravira à coup sûr les visiteurs de tous âges.

Un appel à l'aventure

Si votre idée de vacances implique plus d'adrénaline que de serviettes de plage, Tenerife est votre île. Des sentiers de randonnée et pistes cyclables pour tous les niveaux aux sports plus extrêmes comme le parapente et l'escalade, cette île s'adresse aux modes de vie actifs. Les terrains de golf luxuriants, les courts de tennis et les écuries constituent des choix sportifs plus traditionnels. Les amateurs de sensations fortes peuvent même avoir une toute nouvelle perspective avec un vol exaltant en hélicoptère ou en montgolfière au-dessus des paysages à couper le souffle de l'île.

Quand le soleil se couche
À mesure que le jour se transforme en nuit, Tenerife se transforme en une plaque tournante d'options de divertissement variées. Si votre soirée idéale implique une vie nocturne animée, l'île ne vous décevra pas. Les hauts lieux touristiques animés de Playa de las Américas, Costa Adeje et Puerto de la Cruz offrent un large éventail de bars, pubs, clubs animés et même casinos. Chaque zone répond à des humeurs et des goûts légèrement différents, garantissant qu'il existe une option correspondant à votre niveau d'énergie souhaité pour la nuit. Pour ceux qui recherchent des divertissements au-delà de la piste de danse, la capitale de Santa Cruz de Tenerife s'anime avec des spectacles de musique live, des événements théâtraux, des cinémas et un calendrier rempli de festivals de célébration tout au long de l'année. Bien entendu, Tenerife comprend également la valeur de la détente. Après une journée d'exploration ou des nuits animées, l'île offre de nombreuses opportunités pour se détendre. Les visiteurs peuvent découvrir une pure

tranquillité dans des spas sereins, se ressourcer dans des piscines thermales ou trouver le soin de bien-être parfait pour se ressourcer et se restaurer en vue de la prochaine aventure.

Expression artistique et abondance culturelle
Tenerife vibre d'énergie artistique et culturelle. Tout au long de l'année, l'île accueille un riche calendrier d'événements et d'expositions mettant en valeur les talents d'artistes locaux et internationaux. Des lieux prestigieux comme le Tenerife Espacio de las Artes, le Centro de Arte La Recova et l'Auditorio de Tenerife exposent régulièrement de superbes collections d'art qui inspirent et provoquent la réflexion. Au-delà des arts visuels, la musique et le spectacle occupent une place centrale avec le célèbre Orchestre Symphonique de Tenerife, l'Opéra de Tenerife et des événements captivants comme le Festival de Danse de Tenerife. Même une simple promenade dans les rues de Tenerife devient une expérience culturelle. Le monde vibrant du street art, des graffitis et des peintures murales ajoute des couches de couleurs, de commentaires sociaux et de beauté aux murs de l'île,

transformant les décors quotidiens en galeries extérieures inattendues.

Emplacement et climat

L'emplacement idyllique de Tenerife et son climat enviable consolident sa réputation de destination ouverte toute l'année. Située confortablement au large des côtes africaines, mais appartenant géographiquement à l'Europe, l'île ressemble à un carrefour de cultures, attirant une foule diversifiée et cosmopolite sur ses côtes. La température moyenne constante de 23°C (73°F) garantit des hivers doux et des étés chauds et agréables sans chaleur accablante. L'accessibilité est un autre point fort de Tenerife. Des vols arrivent régulièrement de diverses destinations et les ferries offrent des liaisons faciles vers d'autres îles de l'archipel des Canaries, ouvrant ainsi la possibilité d'une exploration plus large de cette belle région.

Apprendre à connaître Tenerife

Climat et géographie

Une toile volcanique

Tenerife est une île remarquable avec une superficie de 2 034,38 kilomètres carrés et un littoral qui s'étend sur 342 kilomètres. Cependant, la terre elle-même a une histoire fascinante et complexe à raconter. Une importante chaîne de montagnes connue sous le nom de Dorsal traverse Tenerife d'est en ouest, divisant ainsi l'île en deux régions distinctes. Au nord, un paysage plus luxuriant et plus humide émerge, tandis que le sud présente un terrain plus sec et aride.

Le point de repère de cette île est sans aucun doute le mont Teide. Volcan endormi culminant à 3 715 mètres d'altitude, le Teide détient non seulement le titre de plus haut sommet d'Espagne, mais également le troisième plus haut volcan du monde. Les origines volcaniques de l'île sont également évidentes dans l'abondance d'autres caractéristiques : des cratères, des cônes de scories, d'anciennes coulées de lave qui forment aujourd'hui des paysages austères et des caldeiras (les bassins effondrés d'anciens volcans). C'est cette fondation ardente qui confère à Tenerife sa remarquable variété de paysages naturels : d'anciennes forêts de lauriers contrastent avec des pentes couvertes de pins, des falaises et des ravins spectaculaires cèdent la place à des plages de sable fin et des dunes désertiques.

Climat

Le climat océanique subtropical de Tenerife constitue un attrait majeur pour les visiteurs, promettant des températures douces et des journées ensoleillées sans fin pendant la majeure partie de l'année. Les précipitations restent relativement rares, tendant à se concentrer entre les mois d'octobre et mars. Les températures moyennes s'attardent confortablement autour de 18 °C (64 °F) en janvier et grimpent jusqu'à un agréable 25 °C (77 °F) en août.

L'île présente cependant deux zones climatiques principales : le nord et le sud. La région nord est plus fortement influencée par les alizés du nord-est qui apportent avec eux de l'humidité et une couverture nuageuse. En revanche, la partie sud trouve refuge derrière la chaîne de montagnes Dorsal, créant un microclimat nettement plus chaud et plus ensoleillé que son homologue du nord.

L'altitude et l'orientation des pentes affectent également considérablement le climat de Tenerife. En termes simples, à mesure que vous montez en altitude, les températures baissent et le risque de conditions plus humides augmente. Les pentes de l'île exposées au nord bénéficient de ces alizés chargés d'humidité, créant des paysages plus luxuriants et plus verts. A l'inverse, les versants exposés au sud connaissent un environnement beaucoup plus sec et moins végétalisé.

La faune et la flore
Flore
La combinaison unique d'origines volcaniques, de courants océaniques et de climat remarquablement varié de Tenerife donne naissance à une étonnante diversité de vie végétale. Les écologistes divisent l'île en six zones florales distinctes, déterminées en grande partie par l'altitude et l'orientation des pentes. Au sein de chacune de ces zones, une collection unique de plantes a évolué et s'est adaptée pour prospérer dans des conditions spécifiques.

Zone xérophytique inférieure : S'étendant du niveau de la mer jusqu'à environ 700 mètres d'altitude, cette zone est définie par l'aridité et un soleil abondant. La flore que l'on y trouve est xérophyte : sa structure même la rend exceptionnellement efficace pour conserver l'eau précieuse et résister à une chaleur intense. Les euphorbes, comme l'imposante euphorbe des Canaries (Euphorbia canariensis) et son parent l'euphorbe des Canaries (Euphorbia atropurpurea), en sont de parfaits exemples. De nombreuses espèces de cette zone sont endémiques aux îles Canaries, ce qui signifie qu'on ne les trouve nulle part ailleurs sur Terre.

Forêts thermophiles : Dans une plage d'altitude de 200 à 600 mètres, des températures modérées et un peu plus de précipitations ouvrent la voie à une collection différente de plantes. Les thermophiles prospèrent ici, résistant à des conditions plus chaudes qui pourraient nuire à d'autres espèces. Les genévriers, le dattier emblématique des Canaries (Phoenix canariensis) et le fantastique symbole de l'île, le dragonnier (Dracaena draco), fleurissent dans cette zone. Encore une fois, beaucoup sont endémiques à

Tenerife, renforçant ainsi l'identité botanique unique de la région.

Forêts de lauriers : entre 500 et 1 000 mètres d'altitude, le paysage se transforme à nouveau. Ici, l'humidité est abondante en raison des précipitations fréquentes et d'une brume caractéristique qui baigne la région. Le laurier règne en maître, son feuillage persistant formant des forêts denses et luxuriantes. Divers lauriers, houx, ébènes et acajous composent cette zone verdoyante, avec de nombreuses espèces, comme le laurier des Canaries (Laurus novocanariensis) que l'on trouve uniquement dans cet archipel.

Wax Myrtle - Tree Heath Zone : Marquée par un climat plus sec et plus frais, cette zone existe entre 1 000 et 1 500 mètres d'altitude. Les myrtes de cire et les bruyères arborescentes, caractérisées par des feuilles plus petites et des fleurs délicates, dominent ici la flore. Comme les forêts de lauriers, cette zone compte également ses propres habitants, notamment le myrte cireux des Canaries (Myrica rivasmartinezii) et la bruyère arborescente des Canaries (Erica arborea).

Forêts de pins : Témoignage de l'adaptabilité, les forêts de pins prennent racine dans des zones ouvertes et ensoleillées entre 800 et 2 000 mètres d'altitude. Le pin des Canaries (Pinus canariensis) est une merveille en soi, endémique de la région et démontrant une capacité remarquable non seulement à résister au feu mais aussi à se régénérer après celui-ci. Un riche sous-étage d'arbustes comme le genêt et le ciste ajoute encore de la diversité aux forêts de pins.

Zone de haute montagne : Au-dessus de 2000 mètres, l'environnement présente des défis extrêmes pour la vie. Sécheresse, vents incessants, températures extrêmes : peu de plantes peuvent supporter ces conditions. Pourtant, la zone de haute montagne abrite ses propres habitants spécialisés. Vous y trouverez des espèces comme l'étonnante vipérine du Teide (Echium wildpretii), le genêt blanc du Teide et la magnifique violette du Teide (Viola cheiranthifolia). Beaucoup de ces plantes ne peuvent survivre nulle part ailleurs dans le monde, faisant de cette zone de haute altitude un trésor pour les botanistes.

Faune

Tenerife abrite un mélange fascinant d'animaux, tant sur ses côtes que dans les profondeurs de l'océan Atlantique environnant. L'adaptabilité a été essentielle pour les créatures qui ont colonisé l'île, certaines étant endémiques à Tenerife ou dans l'archipel des îles Canaries, d'autres venant de plus loin et d'autres encore introduites par l'influence humaine.

Poisson

Les océans entourant Tenerife regorgent d'environ 400 espèces de poissons, certaines résidentes permanentes et d'autres apparaissant lors de voyages migratoires. Les véritables trésors de la région sont les poissons que l'on ne trouve nulle part ailleurs dans le monde, comme la demoiselle des Canaries (Similiparma lurida) et le poisson perroquet des Canaries (Sparisoma cretense). D'autres espèces, comme le maquereau bleu (Scomber scombrus) et la bonite noire (Sarda sarda), sont originaires de l'Atlantique au sens large. Pour ceux qui aiment la pêche sportive, les eaux autour de Tenerife offrent des rencontres potentielles avec des géants migrateurs comme le thon rouge (Thunnus thynnus) et l'espadon (Xiphias gladius).

Des oiseaux

Environ 56 espèces d'oiseaux considèrent Tenerife comme leur lieu de résidence permanent ou de reproduction. Beaucoup de ces habitants à plumes bénissent l'île avec un chœur de chants d'oiseaux, tandis que de nombreuses autres espèces trouvent ici un répit bienvenu lors de leurs longues migrations. Les amateurs d'oiseaux voudront garder un œil attentif sur les espèces que l'on trouve uniquement à Tenerife ou dans l'ensemble des Canaries. Le pinson bleu (Fringilla teydea) et le pouillot des îles Canaries (Phylloscopus canariensis) en sont deux exemples notables. D'autres espèces, comme le merle européen (Erithacus rubecula) et la mésange bleue africaine (Cyanistes teneriffae), font allusion aux diverses origines de l'avifaune de l'île. Bien sûr, aucune exploration des oiseaux de Tenerife n'est complète sans reconnaître ses abondantes espèces marines comme le puffin cendré (Calonectris borealis) et le goéland leucophée (Larus michahellis).

Reptiles

Cinq espèces de reptiles habitent Tenerife ou les îles environnantes, se prélassant dans la chaleur des basses altitudes. Ces créatures fascinantes comprennent le lézard de Tenerife (Gallotia galloti), le scinque de Tenerife (Chalcides viridanus), le gecko de Tenerife (Tarentola delalandii), le gecko des murs de Tenerife (Tarentola boettgeri) et le lézard moucheté de Tenerife (Gallotia intermedia). Les amateurs de reptiles les trouveront plus nombreux dans les zones plus chaudes où ils remplissent leur alimentation d'insectes, de fruits et de graines.

Amphibiens

Deux espèces d'amphibiens, la rainette sans rayures (Hyla meridionalis) et la grenouille d'eau ibérique (Pelophylax perezi), ont élu domicile à Tenerife. Les amphibiens ont besoin d'humidité, c'est pourquoi ces espèces préfèrent naturellement les zones plus fraîches et plus humides de l'île.

Ils habitent près des étangs, des ruisseaux et des fossés où ils chassent les insectes, les vers et les escargots.

Mammifères

Bien que Tenerife abrite 13 espèces de mammifères, aucune n'est indigène ou endémique. Toutes ont été introduites par l'homme à un moment donné de l'histoire de l'île. Certains ont été amenés délibérément comme animaux domestiques – les chèvres (Capra aegagrus hircus) et les chats (Felis catus) entrent dans cette catégorie. D'autres comme le lapin (Oryctolagus cuniculus) et le hérisson algérien (Atelerix algirus) se sont établis sur l'île après leur introduction. Malheureusement, certaines introductions, comme le rat noir (Rattus rattus) et les chats sauvages, sont devenues envahissantes, ayant un impact négatif sur les écosystèmes insulaires délicats.

Invertébrés

Des milliers d'espèces d'invertébrés habitent Tenerife, et nombre d'entre elles restent uniques à la région. La diversité est presque écrasante, englobant des insectes, des araignées, des escargots, des vers, des crustacés et bien plus encore.

Parmi les espèces remarquables, citons le grand papillon blanc des îles Canaries (Pieris cheiranthi), une créature frappante que l'on ne rencontre que dans cette région. Loin de la délicatesse, le redoutable mille-pattes géant de Tenerife (Scolopendra alternans) parcourt également l'île. Des créatures encore plus communes comme l'escargot de Tenerife (Theba pisana) et le crabe de Tenerife (Grapsus adscensionis) ajoutent des couches supplémentaires à la tapisserie animale unique de Tenerife.

Diversité culturelle et traditions

Racines indigènes : les Guanches

Bien avant l'arrivée des influences européennes, l'île de Tenerife était le domaine des Guanches. Ce peuple berbère, qui aurait émigré d'Afrique du Nord vers le 1er siècle avant JC, possédait une culture, une langue et un système de croyances distincts centrés sur le monde naturel et la vénération de leurs ancêtres. Même leur structure sociale et politique était organisée de manière unique, l'île étant divisée en neuf royaumes, chacun supervisé par un « mencey », ou roi. Les Guanches ont farouchement résisté à la conquête espagnole pendant plus d'un siècle, mais malheureusement, en 1496, ils furent vaincus – soit vaincus, réduits en esclavage, soit progressivement absorbés dans la société espagnole. Pourtant, l'héritage Guanche perdure de manière subtile et fascinante à travers Tenerife. Les noms de lieux, les traditions culinaires (comme le plat de farine rôtie « gofio »), l'artisanat traditionnel comme la poterie (« barro ») et la langue sifflée d'une beauté envoûtante du « silbo gomero » rappellent tous les premiers habitants de Tenerife.

Influence espagnole : un héritage durable
Depuis le XVe siècle, la force culturelle dominante qui façonne Tenerife est l'espagnol. Cette influence imprègne presque tous les aspects de la vie insulaire. La langue espagnole, bien que contenant des variations et des expressions propres aux îles Canaries, est la langue officielle. La foi catholique est la religion principale, même si la tolérance religieuse permet une diversité sur ce front. L'architecture coloniale espagnole orne les villes de toute l'île, avec des églises, des couvents, des palais et des demeures majestueuses servant de rappels visuels de la présence durable de l'Espagne. Tenerife possède également une riche tradition artistique et littéraire, fortement

influencée par la culture espagnole. Des sommités comme Óscar Domínguez, Pedro de Guezala et César Manrique dans le monde de l'art et José de Viera y Clavijo, Benito Pérez Galdós et Pedro García Cabrera dans le domaine de la littérature témoignent de cet héritage.

Echos Africains : Rythmes et Saveurs

La proximité de Tenerife avec l'Afrique, en particulier avec le Maroc et le Sahara occidental, a conféré à l'île une autre couche de profondeur culturelle. Les styles de musique et de danse portent l'empreinte indéniable des rythmes africains : des instruments comme le « timple » (une petite guitare), les tambours et les tambourins constituent le fondement de l'âme musicale de l'île. Des danses comme « isa », « folia » et « tajaraste » captivent les participants et le public par leur énergie et leur vivacité. Même la cuisine de Tenerife révèle une influence africaine. Des plats comme le « sancocho », un ragoût de poisson satisfaisant, sont souvent parfumés au « mojo », une sauce riche en poivrons, en ail et en épices. Un autre délice culinaire, « l'almogrote », une pâte à base de fromage, de poivrons et d'ail, fait également allusion aux origines africaines. Il est intéressant de noter que le mélange des cultures va au-delà des influences tangibles : la constitution génétique même de nombreux Tinerfeños (originaires de Tenerife) révèle des traces d'ascendance berbère, subsaharienne et arabe.

Amérique latine : une connexion dynamique
Le lien entre Tenerife et l'Amérique latine, en particulier avec le Venezuela et Cuba, a également laissé une marque indélébile dans la culture de l'île. Cette connexion est complexe et multiforme. Pendant des siècles, la migration s'est déroulée dans les deux sens, les Tinerfeños recherchant des opportunités dans les Amériques et les Latino-Américains espérant une vie meilleure sur les côtes de Tenerife. Sur le plan économique, les liens restent également forts, le commerce et le tourisme dépendant des flux de marchandises et de personnes entre Tenerife et les pays d'Amérique latine. Historiquement, le secteur agricole de Tenerife a trouvé un marché majeur dans les Amériques pour des produits comme les bananes, le tabac et le rhum. Sur le plan politique, les mouvements idéologiques des Amériques, tels que les appels à l'indépendance, au socialisme et au nationalisme, ont tous trouvé des échos à Tenerife. Le

résultat de tous ces facteurs est une société qui célèbre le multiculturalisme – un mélange de races, de langues et de traditions qui enrichit véritablement la vie sur l'île.

Planifier votre voyage à Tenerife

Meilleur moment pour visiter

Météo

Tenerife est vraiment bénie en matière de météo. Son climat océanique subtropical apporte des températures douces et un ensoleillement abondant tout au long de l'année. Les précipitations restent relativement faibles, avec une légère concentration entre octobre et mars. Les températures moyennes s'attardent confortablement autour de 18°C (64°F) en janvier et grimpent doucement jusqu'à un agréable 25°C (77°F) en août.

Cependant, la géographie de Tenerife introduit quelques variations subtiles. L'île est divisée en deux zones climatiques principales : le nord et le sud. La région nord connaît un peu plus de couverture nuageuse et d'humidité grâce à l'influence des alizés du nord-est. En revanche, la partie sud est abritée par les montagnes, ce qui crée un microclimat sensiblement plus chaud et plus ensoleillé.

L'élévation entre également en jeu ! À mesure que vous montez sur Tenerife, les températures baisseront et les risques de pluie augmenteront. De plus, les pentes orientées vers le nord ont tendance à être plus vertes et plus luxuriantes en raison des alizés chargés d'humidité, tandis que les pentes sud présentent un paysage plus sec et plus aride.

Foules

La popularité de Tenerife auprès des touristes européens ne peut être surestimée, en particulier ceux qui cherchent à échapper aux rigueurs de l'hiver ! Les périodes les plus chargées (et les plus chères) pour visiter sont les mois d'hiver (décembre à mars) et les mois d'été (juillet et août). La disponibilité de l'hébergement et des vols est plus faible et les prix sont à leur maximum pendant ces saisons. Les périodes de vacances, en particulier Noël, le Nouvel An, Pâques et la saison exubérante du Carnaval, attirent également des foules massives sur l'île.

Si les foules animées ne sont pas votre truc et que vous recherchez de meilleures offres, pensez aux saisons intermédiaires de Tenerife : le printemps (d'avril à juin) et l'automne (de septembre à novembre). Le temps reste chaud et agréable, mais vous découvrirez une atmosphère plus détendue et moins fréquentée sur l'île.

Activités

La vaste gamme d'activités proposées signifie qu'il existe véritablement une meilleure saison adaptée aux préférences de chaque voyageur. Si les journées de farniente à la plage figurent en bonne place sur votre liste, visez l'été lorsque les températures de l'eau sont les plus chaudes, les mers sont généralement calmes et l'abondance de la vie marine rend ces excursions de plongée en apnée et de plongée encore plus enrichissantes.

Les amateurs de plein air pourraient envisager le printemps ou l'automne. C'est à ce moment-là que les sentiers de randonnée et les pistes cyclables sont moins fréquentés, que le temps est doux et confortable et que la nature offre un spectacle avec des spectacles vibrants. Les activités nautiques restent toutefois accessibles en dehors de l'été. Les parapentistes, par exemple, souhaiteront peut-être profiter des conditions de vent uniques de l'île en fonction de la période de l'année.

Pour les amateurs de la riche vie culturelle de Tenerife, la haute saison hivernale pourrait être parfaite. C'est à ce moment-là que les grands festivals comme le Carnaval, Noël et le Nouvel An remplissent les rues et que le calendrier regorge de concerts et d'événements dans les musées.

Comment se rendre à Ténérife

La meilleure option pour vous dépendra de plusieurs facteurs, notamment du temps dont vous disposez, de votre budget et si vous souhaitez emmener votre propre véhicule ou votre animal de compagnie bien-aimé pour l'aventure.

En avion

Pour la plupart des voyageurs, prendre l'avion pour Tenerife sera le moyen le plus rapide et le plus pratique d'arriver sur les côtes de l'île. Tenerife est bien reliée à l'Europe continentale et au-delà grâce à ses deux aéroports internationaux. L'aéroport de Tenerife Nord (TFN) dessert en grande partie les vols nationaux et régionaux tout en servant également de point d'arrivée pour des destinations plus proches de l'archipel des Canaries. Cet aéroport est situé à une courte distance de la vibrante capitale de Santa Cruz de Tenerife. L'aéroport de Tenerife Sud (TFS) est le point d'entrée privilégié pour la plupart des vols internationaux et charters. Son emplacement à proximité des destinations touristiques populaires de Costa Adeje et Playa de las Américas en fait un choix pratique pour les voyageurs qui envisagent de faire de la région sud de l'île leur base. De nombreuses compagnies aériennes, y compris des transporteurs traditionnels comme Iberia et Vueling et des options économiques comme Ryanair et EasyJet, proposent des vols fréquents vers Tenerife. À titre d'exemple, un vol depuis Madrid dure environ deux heures et demie, tandis qu'un voyage depuis Londres dure environ quatre heures et 15 minutes.

Par ferry

Si vous recherchez la flexibilité d'apporter votre propre véhicule ou souhaitez voyager avec votre compagnon à quatre pattes, le ferry vers Tenerife peut être votre choix préféré. Des options existent pour les traversées en ferry depuis l'Espagne continentale et les îles voisines de l'archipel des Canaries. Pour ceux qui commencent leur voyage en Espagne continentale, les ferries partent des ports de Huelva et de Cadix pour finalement arriver au port animé de Santa Cruz de Tenerife. Les temps de trajet sont un peu plus longs par voie maritime, la traversée de Huelva prenant environ 32 heures et celle de Cadix un peu plus longue, soit 42 heures. Ceux qui explorent déjà d'autres îles des Canaries trouveront des ferries partant de destinations telles que Las Palmas de Gran Canaria, San Sebastián de La Gomera et Santa Cruz de La Palma. Ces ferries inter-îles atteignent Santa Cruz de Tenerife ou Los Cristianos et offrent des temps de traversée considérablement plus courts. Les trajets de Gran Canaria à Tenerife durent environ une heure et 20 minutes, tandis que les ferries de La Gomera traversent Tenerife en 50 minutes environ. Les fournisseurs de ferry réputés incluent Fred Olsen, Naviera Armas et Trasmediterranea.

En croisière
Une manière vraiment indulgente d'arriver à Tenerife est de prendre un bateau de croisière ! Cette option est idéale pour ceux qui souhaitent privilégier un voyage luxueux et relaxant tout en bénéficiant d'excellents équipements à bord. Les croisières à destination de Tenerife partent de divers ports européens et américains, accostant souvent dans des

destinations comme Barcelone, Lisbonne, Southampton ou même Miami. En cours de route, ces voyages luxueux s'arrêtent fréquemment dans d'autres ports passionnants tels que Malaga, Casablanca ou Funchal, vous donnant la possibilité de goûter à une variété de cultures et de destinations. Les croisières de Barcelone à Tenerife durent environ sept jours, tandis que les traversées de Miami sont plus longues, soit environ 14 jours. Les compagnies de croisière proposant des itinéraires avec des escales à Tenerife comprennent Royal Caribbean, MSC Cruises et Norwegian Cruise Line.

Exigences de visa et documents de voyage

Citoyens des États membres de l'UE ou de l'espace Schengen

Si vous êtes citoyen d'un État membre de l'UE ou d'un pays appartenant à l'espace Schengen, le processus d'entrée à Tenerife est remarquablement simple. Vous n'avez besoin que d'une pièce d'identité nationale valide ou de votre passeport pour pouvoir entrer. Aucun visa ni document spécial supplémentaire n'est nécessaire. De plus, tant que vous respectez les règles de l'UE en matière de libre circulation, la durée de votre séjour à Tenerife n'est pas limitée.

Citoyens de pays tiers bénéficiant d'une exemption de visa
Si votre pays de citoyenneté a un accord d'exemption de visa avec l'UE, vous aurez besoin d'un passeport valide pour entrer à Tenerife. Pour les séjours limités au tourisme, aux affaires ou aux visites familiales qui n'excèdent pas 90 jours sur une période de 180 jours, aucun visa n'est requis. Cependant, soyez prêt à fournir des documents supplémentaires à votre arrivée, qui peuvent inclure une preuve d'un billet aller-retour, des réservations d'hôtel pour démontrer vos projets d'hébergement ou une preuve que vous disposez de fonds suffisants pour subvenir à vos besoins pendant votre séjour. Les États-Unis, le Canada, l'Australie, la Nouvelle-Zélande, le Japon et la Corée du Sud font partie des nombreux pays bénéficiant d'une entrée sans visa à Tenerife.

Citoyens de pays tiers sans exemption de visa
Si votre pays n'a pas d'accord d'exemption de visa avec l'UE, un passeport valide et un visa sont requis pour entrer à

Tenerife. Le type spécifique de visa nécessaire dépendra du but exact de votre voyage et de la durée de votre séjour. Des documents supplémentaires peuvent être demandés, notamment des lettres d'invitation de particuliers ou d'entreprises de Tenerife, une assurance voyage ou des certificats médicaux. Les demandes de visa doivent être déposées bien avant la date de votre voyage auprès de l'ambassade ou du consulat d'Espagne de votre pays de résidence. La Chine, l'Inde, la Russie, le Nigeria et la Colombie sont des exemples de pays dont les citoyens doivent obtenir un visa avant de se rendre à Tenerife.

Remarque importante : les exigences et exemptions de visa sont susceptibles de changer. Pour garantir les informations les plus à jour et les plus précises concernant votre nationalité spécifique, il est fortement recommandé de consulter le site officiel du gouvernement espagnol ou de votre ambassade ou consulat espagnol le plus proche.

Meilleures offres de vols

Pour trouver les meilleures offres de vols vers Ténérife grâce à Skyscanner, suivez ces étapes simples :

Visitez le site Web de Skyscanner : commencez par accéder au site Web de Skyscanner sur votre ordinateur ou appareil mobile.

Saisissez les détails de votre voyage : sur la page d'accueil, saisissez votre ville ou aéroport de départ dans le champ « De » et « Tenerife » dans le champ « Vers ». Ensuite, sélectionnez les dates de voyage souhaitées. Si vos dates de voyage sont flexibles, vous pouvez utiliser les options « Mois entier » ou « Mois le moins cher » pour comparer les prix entre différentes dates.

Sélectionnez le nombre de passagers : spécifiez le nombre de passagers voyageant, y compris les adultes, les enfants et les nourrissons.

Rechercher des vols : Cliquez sur le bouton « Rechercher » pour lancer votre recherche. Skyscanner parcourra ensuite de nombreuses compagnies aériennes et agences de voyages en ligne pour trouver les meilleures options de vol pour l'itinéraire et les dates choisis.

Filtrer et trier les résultats : une fois les résultats de la recherche affichés, vous pouvez utiliser les différents filtres et options de tri pour affiner vos choix. Vous pouvez filtrer par compagnie aérienne, nombre d'escales, heures de départ/arrivée, etc. Les options de tri telles que « Le moins cher », « Le plus rapide » et « Meilleur » vous aident à hiérarchiser vos préférences.

Définir des alertes de prix : si vous n'avez pas encore trouvé d'offre appropriée, vous pouvez configurer des alertes de prix pour l'itinéraire souhaité. Skyscanner vous avertira par e-mail en cas de baisse ou d'augmentation de prix pour l'itinéraire sélectionné.

Réservez votre vol : Une fois que vous avez trouvé la meilleure offre de vol correspondant à vos critères, cliquez sur le lien correspondant pour être redirigé vers le site de réservation. Suivez les instructions pour finaliser votre réservation directement auprès de la compagnie aérienne ou de l'agence de voyages en ligne.

Tenez compte des coûts supplémentaires : gardez à l'esprit que même si Skyscanner propose des offres intéressantes, des coûts supplémentaires peuvent être associés, tels que les frais de bagages, la sélection du siège ou d'autres services optionnels. Assurez-vous de consulter les termes et conditions de la réservation avant de finaliser votre achat.

Budgétisation de votre voyage à Tenerife
Hébergement

Tenerife comprend que les voyageurs ont des besoins divers, et cela se reflète dans le large éventail d'options d'hébergement. Des auberges de jeunesse aux hôtels et complexes hôteliers de luxe, il y en a pour tous les goûts et tous les budgets. Attendez-vous à payer en moyenne environ 114 $ (106 €) par nuit pour une chambre double dans un hôtel. Bien entendu, l'emplacement, la période de l'année que vous visitez et la qualité globale de l'établissement auront tous un impact sur le prix.

Si économiser de l'argent est votre objectif principal, pensez aux auberges. Ceux-ci proposent des lits en dortoir à des tarifs incroyablement abordables, parfois aussi bas que 15 $

(14 €) par nuit. La location d'un appartement est une autre option rentable, avec des frais de location par nuit commençant autour de 40 $ (37 €). Des sites Web tels que Booking ou Airbnb peuvent vous aider à trouver des offres incroyables sur différents types d'hébergement.

Si vous rêvez de vous faire plaisir, Tenerife ne vous décevra pas. Les hôtels et complexes de luxe abondent, offrant des équipements tels que des piscines, des spas, des casinos et des vues imprenables. Naturellement, ceux-ci ont un prix plus élevé – attendez-vous à payer 300 $ (277 €) ou plus par nuit pour une expérience de bien-être ultime. Les sites de voyage comme Expedia ou Travelocity peuvent proposer des offres spéciales ou des forfaits pour ces hébergements haut de gamme qui peuvent réduire un peu les coûts.

Nourriture
La scène culinaire de Tenerife célèbre les ingrédients frais et locaux, offrant de quoi séduire tous les palais. En moyenne, attendez-vous à ce que les repas au restaurant coûtent environ 42 $ (39 €) par jour – bien que le montant que vous dépensez réellement dépende fortement de vos préférences

culinaires. Pour les options les plus économiques, recherchez une « guachinche ». Ces tavernes rustiques sont très appréciées des locaux pour leur cuisine délicieuse, leur vin local et leur atmosphère chaleureuse. Des chaînes comme McDonald's ou Burger King sont également facilement disponibles pour des plats familiers à des prix familiers.

Si vous avez accès à une cuisine pendant votre séjour, préparer certains de vos propres repas vous permettra d'économiser beaucoup d'argent. Les marchés locaux et les supermarchés proposent une large gamme d'ingrédients frais pour concocter des plats fantastiques. De nombreux restaurants proposent un « menu del día » - un menu à prix fixe qui comprend votre choix d'une entrée, d'un plat principal, d'un dessert et d'une boisson. Il s'agit d'une façon délicieuse et économique de goûter à la cuisine locale, souvent pour seulement 10 $ (9 €) par personne.

Bien entendu, Tenerife s'adresse également à ceux qui recherchent une expérience culinaire raffinée. Des restaurants étoilés Michelin et une cuisine fusion innovante sont disponibles, mais attendez-vous à ce qu'ils soient nettement plus chers, coûtant parfois jusqu'à 100 $ (92 €) par personne. Pour encore plus de plaisir, recherchez des restaurants offrant des vues à couper le souffle, de la musique live ou même des spectacles traditionnels pour créer un repas vraiment mémorable.

Transport

Tenerife dispose d'un réseau de transports publics fiable comprenant des bus, des tramways et des taxis. Le coût quotidien moyen du transport est d'environ 65 $ (60 €), mais cela dépend de la durée de votre voyage et du mode de transport que vous préférez. L'option la plus économique consiste à profiter des « guaguas » (bus). Ceux-ci couvrent une large partie de l'île et les billets simples sont incroyablement abordables, à environ 1,5 $ (1,4 €) par trajet. Les pass de voyage comme le Bono Bus peuvent offrir une valeur encore meilleure en offrant des réductions et des trajets illimités pour des périodes spécifiques. Des tramways (« tranvías ») relient les villes de Santa Cruz de Tenerife et San Cristóbal de La Laguna. Les billets de tramway sont à un prix comparable à celui des billets de bus, à environ 1,3

$ (1,2 €) par trajet, avec un pass de voyage similaire (le Bono Tranvía) disponible pour des réductions.

Les taxis répartis sur toute l'île offrent un moyen rapide et pratique de vous rendre là où vous devez aller. Vous pouvez les héler dans la rue, utiliser une application ou appeler pour en commander une. Un trajet typique en taxi coûte en moyenne environ 15 $ (14 €), avec des variables telles que la distance, l'heure de la journée et le trafic affectant le coût final. Si vous désirez de la flexibilité et la liberté d'explorer pleinement, pensez à louer une voiture. Des sites Web comme Rentalcars ou Kayak proposent souvent d'excellentes offres qui réduisent considérablement les coûts de location de voitures.

Divertissement
Tenerife regorge de façons étonnantes de remplir vos journées : merveilles naturelles, expériences culturelles, vie nocturne animée et shopping fantastique. Attendez-vous à dépenser en moyenne 29 $ (27 €) par jour pour diverses formes de divertissement. Heureusement, les voyageurs à petit budget ont de nombreuses options ! Profiter des

superbes plages de Tenerife, explorer les parcs luxuriants, visiter les musées et profiter de l'énergie des festivals locaux ne vous coûtera pas un centime. Des sites Web comme Groupon ou LivingSocial proposent souvent des réductions et des coupons pour les attractions de Tenerife qui peuvent vous aider à économiser. Pour ceux qui souhaitent faire des folies, les attractions payantes abondent. Visiter le parc national du Teide, passer une journée au Siam Park ou au Loro Parque, ou s'immerger pleinement dans la célébration du Carnaval, tout cela coûte de l'argent. Les voyagistes de Tenerife proposent des forfaits comprenant souvent des visites guidées, le transport et l'entrée aux attractions, offrant à la fois commodité et économies potentielles.

Planifier un voyage à Tenerife en utilisant BudgetYourTrip.com est un processus simple qui peut vous aider à gérer vos dépenses et à tirer le meilleur parti de votre budget de voyage. Voici un guide étape par étape sur la façon d'utiliser le site Web pour planifier votre voyage :

Visitez BudgetYourTrip.com: Commencez par visiter le site BudgetYourTrip à l'aide de votre navigateur Web.

Sélectionner la destination: Une fois sur la page d'accueil du site Web, accédez à la barre de recherche ou utilisez le menu déroulant pour sélectionner « Tenerife » comme destination.

Explorer les informations sur les coûts: BudgetYourTrip fournit des informations détaillées sur les coûts pour divers aspects de votre voyage, notamment l'hébergement, le transport, la nourriture, les activités, etc. Explorez les différentes sections pour avoir une idée de combien vous pouvez vous attendre à dépenser pour chaque aspect de votre voyage à Tenerife.

Définissez votre budget: Déterminez votre budget de voyage global pour le voyage à Tenerife. Tenez compte des informations sur les coûts fournies sur BudgetYourTrip, ainsi que de toutes dépenses supplémentaires telles que les vols, l'assurance voyage et les souvenirs.

Utilisez le calculateur de budget: BudgetYourTrip propose un outil de calcul de budget qui vous permet d'estimer vos dépenses totales de voyage en fonction de votre destination, de votre style de voyage et de la durée du séjour. Saisissez vos dates de voyage, vos préférences d'hébergement et le style de voyage souhaité (budget, milieu de gamme ou luxe), et le calculateur vous fournira une estimation du coût quotidien et total du voyage.

Affinez votre plan: Ajustez vos projets et préférences de voyage selon vos besoins en fonction de votre budget. Par exemple, si les coûts estimés sont supérieurs à ce que votre budget vous permet, envisagez de séjourner dans un hébergement économique, d'opter pour des options de transport moins chères ou de réduire le nombre d'activités que vous envisagez de faire.

Explorez les idées de voyage et les itinéraires: BudgetYourTrip peut également proposer des idées de voyage et des suggestions d'itinéraires pour visiter Tenerife. Explorez ces ressources pour trouver l'inspiration pour votre voyage et en savoir plus sur les activités, attractions et itinéraires recommandés.

Réserver un hébergement et un transport: Une fois que vous avez une idée approximative de votre budget et de votre itinéraire, utilisez BudgetYourTrip pour rechercher et réserver des options d'hébergement et de transport qui correspondent à votre budget. Le site Web peut fournir des liens vers des plateformes de réservation ou vous mettre directement en contact avec des prestataires de voyages.

Suivez vos dépenses: Lors de votre voyage à Tenerife, utilisez BudgetYourTrip pour suivre vos dépenses et respecter votre budget. Vous pouvez saisir manuellement vos dépenses ou utiliser l'application mobile du site Web pour enregistrer vos dépenses lors de vos déplacements.

Ajuster au besoin: Tout au long de votre voyage, soyez flexible et prêt à ajuster vos projets et vos dépenses selon vos besoins. Si vous constatez que vous dépensez plus ou moins que prévu, utilisez BudgetYourTrip pour effectuer des ajustements et vous assurer que vous respectez votre budget.

En suivant ces étapes et en utilisant les ressources disponibles sur BudgetYourTrip, vous pouvez planifier efficacement votre voyage à Tenerife tout en respectant vos contraintes budgétaires.

Régions et villes de Tenerife

Explorer Santa Cruz de Ténérife

Santa Cruz de Tenerife, la plus grande ville de l'île et sa capitale dynamique, a quelque chose à offrir à chaque voyageur. De la richesse culturelle et de l'histoire fascinante à la beauté naturelle époustouflante, explorons certains des sites et expériences incontournables de cette ville remarquable.

L'Auditorium de Ténérife
L'Auditorium de Tenerife est l'une des structures les plus frappantes et reconnaissables de la ville. Cette merveille architecturale, conçue par le célèbre architecte Santiago Calatrava, présente une silhouette moderne et élégante qui évoque des images de voiles flottantes ou de vagues océaniques. L'auditorium sert de centre culturel, accueillant des concerts de divers genres, des opéras, des ballets et de nombreux autres événements captivants. Les visites guidées de l'auditorium offrent un aperçu fascinant de l'architecture unique du bâtiment, de son incroyable acoustique et de sa riche histoire. Ne manquez pas l'occasion de flâner sur la

terrasse et dans les jardins attenants où s'offriront à vous des vues imprenables sur l'océan et les montagnes majestueuses.

Église Sainte-Cathédrale

En tant que siège de l'évêque de Tenerife, la cathédrale Santa Iglesia détient le titre de principale structure religieuse de la ville. Datant du XVIe siècle, il présente une juxtaposition fascinante de styles architecturaux gothiques et néoclassiques. Cela crée un patrimoine artistique riche et visuellement diversifié. Prenez le temps d'admirer la façade élaborée, le clocher majestueux et le dôme complexe. L'intérieur est tout aussi captivant : le retable, l'orgue historique, le chœur et diverses chapelles valent tous la peine d'être explorés. Un musée sur place présente une collection de reliques, de peintures et de sculptures de la longue histoire de la cathédrale.

Place d'Espagne

Cette vaste place, la plus grande de Santa Cruz de Tenerife, sert de point de rassemblement pour les habitants et les visiteurs et est considérée comme un centre central de la vie sociale et politique. D'importants bâtiments historiques bordent la place, notamment l'hôtel de ville, le palais de la capitainerie générale et le casino. Un vaste lac artificiel, une fontaine décorative et un monument honorant ceux qui sont tombés pendant la guerre civile espagnole définissent davantage l'espace. Trouvez un endroit confortable et admirez tout simplement tout : les habitants, les touristes, les pigeons omniprésents, les artistes de rue occasionnels. C'est un endroit idéal pour assister à des événements et à des célébrations tout en absorbant l'énergie unique de la place.

Parc García Sanabria

Ceux qui recherchent un répit loin de l'agitation urbaine le trouveront au Parque García Sanabria. Ce parc urbain, le plus grand et le plus beau de Santa Cruz de Tenerife, constitue une véritable oasis de verdure. Sur ses 67 000 mètres carrés, plus de 200 espèces végétales uniques s'épanouissent aux côtés de fontaines, de sculptures et même d'aires de jeux pour les jeunes visiteurs. Que vous choisissiez d'explorer à pied ou à vélo, ou peut-être de vous installer pour un pique-nique, la flore, la faune, les éléments artistiques et la tranquillité générale du parc vous laisseront à coup sûr une sensation de fraîcheur.

Musée de la Nature et d'Archéologie (MUNA)

Pour ceux qui sont fascinés par l'histoire unique des îles Canaries, une visite au Musée de la Nature et d'Archéologie (MUNA) est essentielle. Considéré comme l'un des musées les plus complets et les plus attrayants de l'archipel, le MUNA est installé dans un ancien hôpital. Le musée est divisé en trois sections intrigantes. Le Musée des Sciences Naturelles se penche sur la géologie et la biologie des îles. Le musée d'archéologie explore la riche histoire humaine des Canaries et l'institut de bioanthropologie constitue un troisième volet fascinant. Plongez-vous dans des expositions interactives, des affichages multimédias et des collections scientifiques soigneusement présentées pour mieux comprendre ce lieu spécial et ses habitants.

Cuisine locale

La situation géographique de Santa Cruz de Tenerife, son climat tempéré et sa longue histoire ont façonné sa scène culinaire délicieuse et diversifiée. Les marchés traditionnels, les restaurants, grands et petits, et les bars animés offrent une place au premier rang pour les ingrédients les plus frais que l'île propose : du poisson et des fruits de mer pêchés localement, des fromages uniques, des vins savoureux et une abondance de fruits et légumes. Recherchez des plats classiques comme les papas arrugadas (« pommes de terre ridées ») servies avec une sauce mojo épicée, la ropa vieja (un ragoût de viande râpé satisfaisant) et le bienmesabe (un dessert à base de crème d'amande). Ne manquez pas l'occasion de goûter aux spécialités de Santa Cruz de Tenerife comme les churros de pescado (beignets de poisson), le rancho canario (une copieuse soupe de légumes et de viande) et la friandise connue sous le nom de frangollo (pudding à la semoule de maïs).

Carnaval de Santa Cruz de Tenerife
Si votre visite coïncide avec le mois de février, vous allez vous régaler ! Chaque année, le Carnaval de Santa Cruz de Tenerife envahit la ville dans un tourbillon de couleurs, de musique, de danse et d'énergie joyeuse. Souvent comparée au spectacle de Rio de Janeiro, cette célébration du carnaval est considérée comme l'une des plus grandes et des plus vibrantes de la planète. Attendez-vous à des costumes élaborés, des défilés qui semblent s'étendre à l'infini et une atmosphère de fête contagieuse. Des événements, des

thèmes et des concours spécifiques ont lieu tout au long des festivités. Les points forts incluent l'élection de la reine du carnaval, les performances des Murgas (groupes musicaux satiriques), les spectacles époustouflants des Comparsas (troupes de danse) et les adieux symboliques marqués par l'enterrement de la sardine.

À la découverte de Puerto de la Cruz
jardin botanique

Pour ceux qui recherchent une beauté sereine, le jardin botanique fait signe. Ici, vous pourrez admirer une étonnante variété de plantes tropicales et subtropicales, y compris des espèces emblématiques des Canaries comme le majestueux drago. La riche histoire de ce jardin remonte à 1788, date à laquelle il fut créé par le roi Charles III d'Espagne. L'objectif initial était d'acclimater la flore exotique apportée des Amériques et de l'Asie vers leur nouvelle île. Promenez-vous le long de sentiers méticuleusement entretenus qui serpentent le long d'étangs tranquilles, de fontaines bouillonnantes et de sculptures artistiques. C'est l'endroit idéal pour plonger dans le monde de la botanique et découvrir l'histoire unique du jardin.

Explorer la vieille ville de Puerto de la Cruz

Remontez le temps en explorant le cœur historique de Puerto de la Cruz. C'est ici que des trésors architecturaux et des monuments importants racontent l'histoire de la ville. Promenez-vous dans les rues pavées étroites en admirant les bâtiments typiquement coloniaux qui bordent le chemin. L'Hôtel de Ville, la Maison des Douanes ("Casa de la Aduana") ajoutent à l'atmosphère historique. Les églises de la ville sont également à découvrir. Cherchez l'église Notre-Dame du Rocher de France, l'église de San Francisco ou l'église de San Juan Bautista. Des places pittoresques comme la Plaza del Charco, la Plaza de la Iglesia et la Plaza de Europa offrent l'occasion de se reposer et d'observer les gens au sein de la vieille ville.

Street Art : une toile de créativité

Puerto de la Cruz possède également une scène créative animée, comme en témoignent les nombreux exemples d'art de rue et de peintures murales disséminés dans le centre-ville. Des artistes locaux et internationaux ont transformé les murs et les façades ordinaires en célébrations vibrantes de couleurs et de formes. Les éléments thématiques touchent souvent à la beauté naturelle de l'île, à sa culture unique et à sa riche histoire. Des thématiques abordant des préoccupations sociales et environnementales sont également représentées. Découvrez ces joyaux artistiques dans des endroits comme le Barrio de la Ranilla, la Plaza de la Iglesia et le long de l'Avenida de Colón.

Musée d'Archéologie de Puerto de la Cruz
Approfondissez votre compréhension de l'histoire fascinante et de la culture dynamique de l'île en visitant le musée d'archéologie de Puerto de la Cruz. Installé dans un ancien bâtiment hospitalier, le musée est divisé en trois sections fascinantes. La section Préhistoire met en lumière les premières périodes de la chronologie de l'archipel. Ensuite, plongez dans le monde des Guanches, les premiers habitants de Tenerife, et découvrez leur culture et leur mode de vie. La dernière section se concentre sur la période coloniale, permettant aux visiteurs de retracer l'impact de la conquête espagnole, de la colonisation ultérieure et du développement de l'île au fil des siècles. Les expositions comprennent des poteries, des outils, des bijoux, des momies finement

préservées et des modèles qui donnent vie au monde Guanche.

Jardin de plage

Pour se détendre avec vue, Playa Jardín est l'endroit idéal. Cette plage bien-aimée, qui s'étend le long de la côte de Puerto de la Cruz, est en fait composée de trois sections distinctes connues sous le nom de Playa del Castillo, Playa del Charcón et Playa de Punta Brava. Le sable volcanique noir distinctif et les eaux typiquement calmes créent un cadre accueillant. des jardins luxuriants, des palmiers et des formations rocheuses spectaculaires encadrent la plage, rehaussant la beauté du paysage. Que vous choisissiez de nager, de bronzer, de vous essayer au surf ou simplement d'admirer la vue sur l'océan et les montagnes, Playa Jardín ne vous décevra pas. Les sauveteurs, les douches, les toilettes et les bars et restaurants à proximité assurent confort et commodité.

Parc aux perroquets

Préparez-vous à une aventure inoubliable ! Loro Parque, considéré comme l'une des principales attractions des îles

Canaries, sert à la fois de parc zoologique et botanique. Plus de 300 espèces d'animaux et une gamme étonnante de plantes trouvent refuge dans les limites du parc. Des perroquets de toutes les couleurs imaginables, des dauphins espiègles, des pingouins, des tigres majestueux et une collection d'orchidées à couper le souffle ne sont qu'un petit échantillon de ce que propose Loro Parque. Pour une touche théâtrale, le parc accueille des spectacles captivants comme Orca Ocean, le Dolphin Lagoon et le toujours divertissant Sea Lion Fun. L'engagement de Loro Parque ne s'arrête pas au divertissement : ils sont profondément dévoués aux efforts de conservation et de recherche. Le parc protège activement les espèces menacées et leurs habitats grâce à une variété de programmes et de projets.

Le Carnaval de Puerto de la Cruz
Chaque mois de février, Puerto de la Cruz se transforme en un tourbillon de joyeuses célébrations lors de son carnaval annuel. Souvent comparé à l'extravagance de Rio de Janeiro, il détient à juste titre le titre de l'une des plus belles célébrations de carnaval au monde. Attendez-vous à une explosion de couleurs, des costumes créatifs, de la musique,

de la danse et une atmosphère générale de gaieté contagieuse. Divers thèmes, événements et concours maintiennent l'énergie élevée tout au long des festivités. Assister à l'élection de la reine du carnaval est une délicieuse tradition. Les Murgas, connus pour leurs chansons et performances satiriques, ajoutent une couche d'humour et de commentaires sociaux. Les Comparsas, troupes de danse élaborées, vous éblouiront par leurs chorégraphies et leurs costumes élaborés. Enfin, l'Enterrement de la Sardine, funérailles symboliques marquant la fin du carnaval, clôture la célébration sur un ton doux-amer. Le carnaval attire des foules massives qui remplissent les rues vêtues de costumes, prêtes à danser, chanter et se délecter de la magie du moment.

https://www.visittenerife.es/

Explorez le site Web officiel du tourisme de Tenerife pour découvrir les magnifiques paysages/destinations touristiques de Tenerife et d'autres services dont vous aurez besoin à Tenerife.

S'aventurer à La Orotava

La Orotava, nichée dans la luxuriante vallée d'Orotava à Tenerife, est une ville chargée d'histoire et dotée d'une beauté extraordinaire. L'exploration de ce joyau de la côte nord révèle une riche tapisserie tissée de merveilles architecturales, de sites culturels captivants et d'opportunités de connexion avec la nature. Explorons quelques-uns des points forts qu'offre La Orotava.

Maison des Balcons
Cette structure emblématique constitue un exemple étonnant de l'architecture traditionnelle des Canaries et constitue l'un des monuments les plus reconnaissables de La Orotava. Construite à l'origine en 1632 par une famille très riche, la maison présente une façade saisissante de trois étages ornée de balcons en bois élaborés et s'ouvre sur de charmantes cours. Les visiteurs peuvent entrer à l'intérieur pour découvrir un aperçu magnifiquement préservé du passé. Les meubles historiques, les articles ménagers et les vêtements traditionnels offrent un aperçu de la vie quotidienne des siècles passés. Avant de partir, pensez à parcourir la boutique d'artisanat sur place où les artisans locaux

présentent leurs compétences. La poterie, les broderies complexes et les vins produits localement sont des souvenirs populaires.

La vieille ville de La Orotava

Préparez-vous à être enchanté en explorant le cœur historique de La Orotava. Un bon point de départ est la Plaza de la Constitución, la place principale animée. Ici, vous trouverez l'hôtel de ville, à côté de l'église de San Agustín et de l'historique Liceo de Taoro. Ensuite, dirigez-vous vers la Calle de San Francisco, la plus ancienne rue de la ville. Le long de ce parcours, des trésors architecturaux apparaissent, parmi lesquels l'église de San Francisco, le couvent de Santo Domingo et la Casa de los Molina. La Plaza del Ayuntamiento offre encore plus de délices architecturaux avec des structures comme l'église de La Concepción, la Casa de la Aduana et la Casa de los Mesa ornant toutes la place.

Jardin Victoria

Pour un répit tranquille, le Jardín Victoria est une visite incontournable. Ce paradis luxuriant de flore diversifiée, de fontaines bouillonnantes, de sculptures artistiques et de bancs accueillants offre le cadre idéal pour la détente et le rajeunissement. Les origines du jardin remontent à 1882, lorsqu'un consul britannique l'a créé en l'honneur de la reine Victoria. Promenez-vous le long de sentiers sinueux et explorez des sections telles que le jardin romantique avec son esthétique de rêve, le jardin tropical animé et la roseraie qui porte bien son nom. L'émouvant Monument aux Émigrants est un hommage poignant à ceux qui ont quitté Tenerife au cours de l'histoire, à la recherche d'une chance de construire une vie meilleure ailleurs.

Musée de l'artisanat ibéro-américain (MAIT)
La Orotava a la chance d'héberger le fascinant Musée de l'artisanat ibéro-américain (MAIT). Ce musée unique, installé dans un ancien couvent, offre une fenêtre sur les riches traditions artistiques et expressions culturelles de pays ibéro-américains comme le Mexique, le Pérou, le Brésil et Cuba. Dans 14 salles d'exposition distinctes, les visiteurs découvrent des poteries, des textiles, des masques d'une beauté complexe, des instruments de musique et même des jouets. Un autre élément unique du MAIT sont les ateliers

où les artisans démontrent leurs compétences. Observer ces créateurs au travail offre un aperçu des techniques traditionnelles et des matériaux qui donnent naissance à un art si captivant.

Plage de Bollullo

À environ 4 km du centre-ville se trouve Playa del Bollullo, l'une des plages les plus appréciées de l'île. La beauté naturelle de cette plage est indéniable : le sable volcanique noir rencontre des eaux claires dans un cadre préservé encadré par des falaises spectaculaires et des plantations de bananes luxuriantes. Que vous souhaitiez nager, bronzer, vous essayer au surf ou simplement profiter des superbes vues côtières avec les montagnes en toile de fond, Playa del Bollullo a quelque chose pour tous les amoureux de la plage. Lorsque la faim frappe, un bar et un restaurant de plage offrent l'occasion idéale de déguster les fruits de mer frais locaux qui constituent l'un des points forts de la cuisine de la région.

Maison du Vin La Baranda

Si vous êtes passionné par le vin, et en particulier par les cépages locaux distinctifs produits à Tenerife, une visite à la Casa del Vino La Baranda est indispensable. Cet intrigant musée du vin et centre de dégustation est une lettre d'amour à la viticulture de l'île. Découvrez l'histoire de la production viticole de Tenerife, les techniques utilisées et explorez la remarquable variété de raisins qui prospèrent dans le sol volcanique. Les expositions présentent des pressoirs, des tonneaux et des bouteilles d'époque. Approfondissez votre compréhension de l'appellation d'origine Valle de La Orotava, qui désigne spécifiquement les vins produits dans la vallée d'Orotava où se trouve le musée. Bien sûr, l'un des points forts est l'expérience de dégustation ! Dégustez une sélection de vins tout en dégustant les accords parfaits de fromages locaux, de pain et de confitures savoureuses.

La Fête-Dieu

Le Festival Corpus Christi transforme La Orotava chaque mois de juin en une galerie d'art éphémère à couper le souffle. Considérée comme l'une des fêtes les plus spectaculaires et les plus renommées des îles Canaries, cette célébration vibrante se concentre sur la création de tapis élaborés. Ce ne sont cependant pas des tapis ordinaires. Des fleurs, du sable coloré et d'autres matériaux naturels sont habilement assemblés pour créer des motifs complexes qui ornent les rues et les places de la ville. L'imagerie religieuse, les motifs géométriques et l'expression artistique fluide trouvent tous leur place dans ces superbes tapis. Le dévouement de la population locale qui crée ces chefs-d'œuvre est aussi impressionnant que les tapis eux-mêmes. Cette fête attire des foules de visiteurs venus admirer les tapis dans toute leur splendeur et la procession solennelle qui les traverse.

Découvrez les charmes de La Laguna

Cathédrale de La Laguna

La cathédrale de La Laguna constitue une pièce maîtresse de la ville et le siège de l'évêque de Tenerife. Construit au début du XXe siècle, il se dresse sur le site d'une église plus ancienne et présente un style architectural néoclassique saisissant. Admirez la grande façade, définie par son portique, son dôme majestueux et ses tours jumelles. Entrez à l'intérieur pour découvrir d'autres trésors, notamment le retable, l'orgue historique, le chœur et les chapelles magnifiquement ornées. Les passionnés d'histoire voudront découvrir le tombeau d'Alonso Fernández de Lugo, le fondateur de la ville. De plus, la cathédrale abrite les reliques de José de Anchieta, saint missionnaire et catholique né à La Laguna.

La vieille ville de La Laguna
Plongez dans la riche tapisserie de l'histoire de La Laguna en explorant sa vieille ville animée. La Plaza del Adelantado est un point de départ naturel. Cette place, à la fois la plus ancienne et la plus centrale de La Laguna, est flanquée de structures importantes comme l'hôtel de ville, le palais de la capitainerie générale et le couvent de Santa Catalina. Ensuite, descendez la Calle de la Carrera, la rue principale de La Laguna. Ici, vous rencontrerez plusieurs joyaux architecturaux, dont l'église de La Concepción, l'église de San Agustín et le bâtiment historique du Liceo de Taoro. Un autre incontournable de la vieille ville est la Plaza de la Iglesia. Cette place pittoresque abrite l'église de Santo Domingo, l'église de San Miguel et le fascinant musée d'histoire et d'anthropologie.

Musée des Sciences et du Cosmos

Les passionnés de sciences de tous âges seront ravis du Musée des sciences et du cosmos de La Laguna. Ce musée attrayant occupe le site d'une ancienne léproserie, ajoutant une couche unique à son histoire. Des expositions comme le Planétarium, l'Observatoire et le captivant Hall des Illusions promettent de susciter à la fois l'émerveillement et l'apprentissage. L'une des plus grandes forces du musée réside dans son approche interactive. Impliquez-vous dans des expériences pratiques, des jeux et des simulations, tous conçus pour attiser la curiosité et encourager l'exploration créative des concepts scientifiques.

Parc rural d'Anaga

Les randonneurs passionnés et les amoureux de la nature ne voudront pas manquer le Parque Rural de Anaga. Cette réserve de biosphère, l'une des zones les plus pittoresques de La Laguna, protège la partie la plus ancienne de Tenerife. Les éruptions volcaniques il y a plus de 12 millions d'années ont façonné le paysage incroyablement diversifié du parc. Partez en randonnée à travers des forêts de lauriers luxuriantes, le long de falaises spectaculaires et plongez dans des ravins cachés. Gardez les yeux ouverts pour découvrir une flore et une faune uniques : des espèces endémiques comme le dragonnier, le pinson bleu et même le lézard géant habitent cette région remarquable. Disséminés dans le parc, découvrez des villages pittoresques tels que Taganana, Chinamada et Roque de las Bodegas, ajoutant une touche de charme rural à vos explorations.

Savourez les saveurs de La Laguna
La Laguna possède une scène culinaire qui ne manquera pas de tenter vos papilles. Découvrez des saveurs authentiques et les ingrédients locaux les plus frais sur les marchés traditionnels, les restaurants accueillants et les bars animés. Dégustez des plats classiques comme les papas arrugadas (« pommes de terre ridées ») servies avec une sauce mojo épicée, la satisfaisante ropa vieja (ragoût de viande râpée) et la friandise connue sous le nom de bienmesabe (dessert à la crème d'amande). Ne manquez pas l'occasion de goûter aux spécialités uniques de la région de La Laguna, comme les churros de pescado (beignets de poisson), le rancho canario (une copieuse soupe de légumes et de viande) et le frangollo (pudding à la semoule de maïs).

Carnaval de La Laguna

Si votre visite coïncide avec février, vous allez vous régaler ! Le Carnaval de La Laguna est un événement joyeux et énergique qui attire des foules désireuses de se joindre à la fête. Souvent comparée au célèbre Carnaval de Rio de Janeiro, cette célébration est un tourbillon de créativité, de costumes vibrants et de musique joyeuse qui remplit les rues. Des événements, des thèmes et des concours spécifiques ajoutent à l'excitation. Recherchez l'élection de la reine du carnaval, amusez-vous par les performances satiriques des Murgas (groupes musicaux) et émerveillez-vous devant les Comparsas, des troupes de danse aux costumes élaborés. La fête culmine avec l'Enterrement de la Sardine, un adieu symbolique marquant la fin des réjouissances joyeuses.

Itinérance autour d'Adeje

Ravin de l'enfer

Les amoureux de la nature seront captivés par le Barranco del Infierno. Cet espace naturel singulier est véritablement l'un des sites les plus spectaculaires d'Adeje et de Tenerife. Des millions d'années d'érosion ont sculpté un ravin d'une beauté à couper le souffle, défini par des falaises spectaculaires, des formations rocheuses uniques et des cascades. Embarquez pour une randonnée de 6,5 kilomètres le long du ravin, en vous imprégnant du paysage grandiose tout en gardant un œil sur la diversité de la flore et de la faune de la région. L'un des points forts est d'atteindre la plus grande cascade de Tenerife, une cascade de puissance et de grâce de 80 mètres. En raison des efforts de conservation, seuls 300 visiteurs sont autorisés par jour, il est donc essentiel de réserver vos billets à l'avance.

Explorer la vieille ville d'Adeje
Découvrez le riche patrimoine culturel d'Adeje en visitant sa vieille ville historique. La Plaza de España constitue un point de départ idéal. Cette place centrale abrite l'église de Santa Úrsula, la mairie et la Casa Fuerte fortifiée. Aventurez-vous ensuite dans la Calle Grande, l'artère principale de la ville. Le long de cette rue, vous rencontrerez encore d'autres joyaux architecturaux et historiques, notamment le couvent de Nuestra Señora de Guadalupe y San Pablo, la Casa del Conde et la Casa de la Piedra. Pour ceux qui aiment le monde de l'art, le Musée d'Art Sacré attend. Ici, vous pourrez

admirer diverses œuvres d'art religieuses et des objets chargés d'histoire.

Profiter du soleil sur les plages d'Adeje

Adeje est à juste titre célèbre pour ses plages incroyables, considérées comme parmi les plus belles de Tenerife. Que vous rêviez de sable doré, de sable volcanique noir spectaculaire ou de galets lisses, vous trouverez l'endroit idéal le long de ce littoral. Les choix populaires incluent Playa del Duque, Playa de Fañabé, Playa de la Enramada et la très animée Playa de las Américas. Ces plages ne sont pas seulement belles : elles offrent d'excellentes baignades, bains de soleil, des opportunités de s'essayer au surf et des équipements tels que des douches, des toilettes, des sauveteurs et des bars et restaurants à proximité.

Parc Siam

Pour des sensations fortes, des sensations fortes et une journée inoubliable de plaisir aquatique, Siam Park est à la hauteur. Ce parc aquatique sur le thème thaïlandais, l'une des attractions les plus populaires d'Adeje et des îles Canaries, s'adresse à tous les âges et à toutes les tolérances à l'adrénaline. Découvrez la plus grande vague artificielle du monde, testez votre courage sur la Tower of Power, faites un tour passionnant sur le Dragon ou tentez votre chance sur le Kinnaree. Pour vous détendre dans un cadre magnifique, partez à la recherche de Siam Beach, descendez la rivière Mai Thai ou partez à la conquête des toboggans du Naga Racer. Au-delà du simple facteur de divertissement, Siam Park s'engage en faveur de la conservation. Ils participent activement à des projets et programmes axés sur la protection des espèces menacées et de leurs habitats fragiles.

Du plaisir pour tous les âges à Aqualand Costa Adeje et Jungle Park
Aqualand Costa Adeje offre une autre expérience délicieuse de parc aquatique, en particulier pour les familles voyageant avec de jeunes enfants. Bien qu'il ne soit peut-être pas aussi excitant que Siam Park, ce parc offre de nombreux divertissements avec des attractions comme le Tornado, le Kamikaze, l'Anaconda et le Mini Park. Aqualand abrite également un spectacle de dauphins captivant, ajoutant une autre dimension à la journée. Pour une option pratique et économique, envisagez un billet combiné pour Aqualand et

Jungle Park. Jungle Park vous emmène dans une autre sorte d'aventure ! Cette combinaison de zoo et de parc botanique abrite plus de 300 espèces animales, dont des lions, des tigres, des léopards, des singes espiègles et une gamme éblouissante d'orchidées. Jungle Park accueille également des spectacles captivants mettant en vedette des oiseaux exotiques, des otaries et des oiseaux de proie. Tout comme Siam Park, Jungle Park est activement impliqué dans les efforts de conservation et de recherche sur les espèces menacées dans le monde entier.

Le Carnaval d'Adeje

Si vous avez la chance de visiter en février ou mars, préparez-vous à être ébloui par le Carnaval d'Adeje ! Cette célébration exubérante est une explosion de couleurs, de créativité et de joie débridée. Chaque année apporte son thème unique, ainsi que des événements et des concours passionnants. Soyez à l'affût de l'élection de la Reine du Carnaval, des spectacles satiriques des Murgas (groupes musicaux), des costumes et chorégraphies élaborés des Comparsas (troupes de danse) et du symbolisme doux-amer de l'Enterrement de la Sardine, marquant la fin du carnaval.

. Des foules massives remplissent les rues, parées de costumes fantastiques et prêtes à se délecter de la magie du carnaval.

Explorer d'autres villes et villages remarquables
Les géants

Sur la côte ouest de Tenerife se trouve la petite ville pittoresque de Los Gigantes. La renommée de ce joyau côtier réside dans les falaises vraiment impressionnantes qui dominent la ville, atteignant des hauteurs allant jusqu'à 600 mètres ! Imprégnez-vous des vues spectaculaires sur les falaises depuis la marina, détendez-vous sur la plage avec une toile de fond inégalée ou dirigez-vous vers un « mirador » (point de vue) pour une perspective panoramique. Pour une expérience unique, une balade en bateau permet de s'émerveiller devant les falaises depuis l'eau. Gardez l'œil ouvert, car ces eaux sont également fréquentées par les baleines et les dauphins. Les randonneurs trouveront à Los Gigantes une base idéale, à proximité des gorges de Masca et du parc rural de Teno.

Les chrétiens

Los Cristianos se classe parmi les stations balnéaires les plus anciennes et les plus appréciées de Tenerife, ornant la côte sud de l'île. Une longue étendue de sable fin, une promenade animée sur la plage et un port animé définissent cette destination ensoleillée. Passez vos journées à vous prélasser sur la plage ou choisissez parmi une variété de sports nautiques comme le kayak, le jet ski ou même le parachute ascensionnel pour une vue aérienne palpitante du littoral. Les ferries au départ de Los Cristianos offrent une porte d'entrée vers des aventures sur les îles voisines de La Gomera, El Hierro et La Palma. Au coucher du soleil, Los Cristianos ne déçoit pas, avec une vie nocturne animée remplie de bars, de restaurants et de clubs animés.

Garachico

Les passionnés d'histoire et ceux qui recherchent des destinations uniques apprécieront une visite à Garachico, sur la côte nord de Tenerife. Cette ville possède un passé poignant. Autrefois principal port de l'île, une éruption volcanique dévastatrice en 1706 a changé à jamais son destin. Aujourd'hui, les visiteurs peuvent voir les vestiges du vieux port, un château historique et une église, autant de témoignages résistants du passé de la ville. Émerveillez-vous devant la beauté et la ténacité de la ville telle qu'elle a été reconstruite au fil du temps. Une caractéristique unique de Garachico réside dans les piscines naturelles formées par la lave qui coule. Ces piscines tranquilles offrent une baignade rafraîchissante avec une vue imprenable sur les montagnes et la mer.

Adèje
Adeje, nichée dans le sud-ouest de Tenerife, est connue pour ses stations balnéaires haut de gamme et ses plages impeccables. Faites-vous plaisir avec les commodités offertes par ces complexes hôteliers : piscines luxueuses, spas de classe mondiale et même casinos. Cependant, l'attrait d'Adeje s'étend au-delà de sa vie de villégiature. Embarquez pour une aventure au Barranco del Infierno, un ravin à couper le souffle abritant une superbe cascade. Pour des activités familiales, pensez à deux des parcs aquatiques renommés de l'île : Siam Park, le plus grand d'Europe, et Aqualand Costa Adeje, qui accueille un délicieux spectacle de dauphins.

El Médano

El Médano jouit d'une renommée mondiale parmi les amateurs de planche à voile et de kitesurf. Cette ville côtière du sud-est possède la plus longue plage naturelle de Tenerife et des conditions idéales pour ces sports nautiques palpitants. Passez des journées tranquilles à profiter du soleil sur le sable ou faites monter votre adrénaline en attrapant une vague ou en exploitant la puissance du vent. Le stand-up paddle est une autre option populaire pour explorer les eaux calmes autour d'El Médano. Pour une vue imprenable sur la côte, faites une randonnée jusqu'au sommet de la Montaña Roja, un cône volcanique doté d'un sentier offrant des vues panoramiques.

Meilleures attractions à Ténérife

Mont Teide : le plus haut sommet d'Espagne

Le mont Teide, un géant endormi sur l'île de Tenerife dans les îles Canaries, est une merveille naturelle qui inspire à la fois respect et admiration. Ce sommet volcanique est vraiment unique : non seulement c'est le point culminant de toute l'Espagne, mais il constitue également le point culminant au-dessus du niveau de la mer de toutes les îles de l'océan Atlantique. Une altitude impressionnante de 3 715 mètres (12 188 pieds) n'est dépassée que par deux autres volcans de la planète lorsqu'elle est mesurée à partir de la base reposant sur le fond de l'océan. Il n'est pas étonnant que le Mont Teide soit considéré comme la merveille naturelle la plus visitée de toute l'Espagne !

Le mont Teide trouve son domicile dans les limites du parc national du Teide, un site classé au patrimoine mondial de l'UNESCO qui s'étend sur 18 900 hectares (47 000 acres). Cette zone protégée présente une étonnante diversité de flore et de faune, adaptées aux conditions uniques de l'environnement volcanique. Les paysages du parc offrent un drame visuel à chaque tournant : des cônes volcaniques percent le ciel, des cratères laissés par d'anciennes éruptions parsèment le terrain et des coulées de lave forment des rubans de roche gelée. Le parc national du Teide possède également des niveaux d'importance culturelle et historique. Les Guanches, les premiers habitants de Tenerife, considéraient cette zone comme sacrée. À travers les âges, ses caractéristiques uniques ont également attiré l'attention des scientifiques et des astronomes, ce qui en fait un lieu de découvertes naturelles et scientifiques.

Le Mont Teide offre de multiples façons de découvrir sa majesté, en fonction de diverses préférences et capacités physiques. Pour accéder au parc, une option est de conduire : l'exploration en voiture offre une flexibilité et la possibilité de s'arrêter à des points pittoresques. Les bus au départ des villes de Tenerife offrent une autre alternative. Le téléphérique est peut-être le moyen le plus excitant de gravir les hauteurs du Teide. Partant de la station inférieure (2 356 mètres/7 730 pieds), le téléphérique vous emmène jusqu'à la station supérieure (3 555 mètres/11 660 pieds) avec des vues à couper le souffle qui s'offrent à mesure que vous montez. Depuis la station supérieure, ceux qui disposent d'un permis spécial (à demander à l'avance en ligne) peuvent entreprendre une randonnée jusqu'au sommet du Teide. Pour les randonneurs expérimentés et dotés d'une bonne endurance physique, une autre option est une randonnée au sommet au départ de la station aval. Des sentiers comme le sentier Montaña Blanca ou le sentier Pico Viejo offrent des chemins stimulants et enrichissants vers le haut.

Bien que la dernière éruption du mont Teide remonte à 1909, il reste un volcan actif. Les Nations Unies l'ont même classé volcan de la décennie, ce qui signifie qu'il présente un risque élevé pour les populations voisines et l'environnement environnant. Heureusement, les scientifiques surveillent et étudient de près le Teide. Ils fournissent des informations au public sur son état volcanique et émettent des avertissements si des dangers ou une activité accrue sont détectés.

Parc national du Teide

Au cœur de Tenerife, la plus grande des îles Canaries, se trouve un témoignage de la puissance brute de la nature : le parc national du Teide. Cette vaste étendue de 18 900 hectares est inscrite au patrimoine mondial de l'UNESCO depuis 2007, une reconnaissance de ses extraordinaires merveilles géologiques et de sa beauté naturelle à couper le souffle.

Le cœur incontesté du parc est le mont Teide, un volcan impressionnant qui constitue le plus haut sommet d'Espagne. Il possède une distinction encore plus grande : mesuré à partir de sa base sous les vagues de l'océan, il est le troisième plus haut volcan de la planète. La magnificence du Teide s'étend bien au-delà de son propre sommet. Le parc comprend l'impressionnant volcan Pico Viejo, la majestueuse Montaña Blanca et la vaste caldeira de Las Cañadas, témoignage du pouvoir transformateur des forces volcaniques. Ici, un paysage fascinant se dévoile : une tapisserie tissée de cônes, de cratères, de rivières de lave gelées et d'étranges formations rocheuses qui ne ressemblent à rien d'autre sur Terre.

Le parc national du Teide est un sanctuaire pour une flore et une faune uniques. Des éclats de couleurs provenant de la violette endémique du Teide et de la vipérine du Teide parsèment le paysage, tandis que le pinson bleu vif ajoute un éclair de vie. Gardez les yeux ouverts pour l'insaisissable lézard du Teide, une créature parfaitement à l'aise dans ce décor surnaturel.

L'importance du parc s'étend au-delà de ses trésors écologiques. Pour les Guanches, les premiers habitants de Tenerife, cette terre avait une profonde signification spirituelle. Aujourd'hui, le Teide est un paradis pour l'exploration scientifique ; l'Observatoire du Teide et l'Instituto de Astrofísica de Canarias opèrent à l'intérieur de ses frontières, scrutant les mystères du cosmos.

Créé en 1954, le Teide est le parc national le plus ancien et le plus apprécié d'Espagne. Chaque année, des millions de visiteurs affluent pour s'émerveiller devant ses merveilles. Que vous optiez pour une route panoramique, un voyage tranquille en bus ou un passionnant trajet en téléphérique offrant une vue imprenable à 3 555 mètres, le parc national du Teide offre diverses façons de se connecter avec sa beauté. Les randonneurs peuvent choisir parmi différents sentiers comme ceux de la Montaña Blanca ou du Pico

Viejo, qui serpentent à travers des paysages qui se transforment à chaque pas.

Mais n'oubliez pas que le Teide n'est pas simplement une merveille géologique : c'est un géant endormi. La dernière éruption remonte à plus d'un siècle, mais son statut de « volcan de la décennie » souligne qu'il reste une force active. Des scientifiques vigilants surveillent de près et veillent à ce que tout changement soit rapidement communiqué.

Parc rural d'Anaga

À Tenerife, le plus grand joyau des îles Canaries, se trouve un havre protégé de merveilles naturelles et culturelles : le parc rural d'Anaga. Cette vaste étendue de 14 419 hectares englobe le massif d'Anaga, une chaîne de montagnes à couper le souffle née des profondeurs enflammées d'éruptions volcaniques il y a des millions d'années. Le terrain accidenté du parc témoigne des origines anciennes de l'île, offrant aux visiteurs une diversité de paysages à admirer.

Imaginez un royaume où des forêts de lauriers luxuriantes s'accrochent aux flancs des montagnes, leurs feuilles murmurant des secrets dans la brise. Imaginez des falaises abruptes qui dégringolent de façon spectaculaire vers l'océan et des ravins profonds et verdoyants creusés par des courants d'eau incessants. Imaginez des plages de sable noir embrassées par les vagues de l'Atlantique, offrant un contraste saisissant avec les paysages surnaturels du parc. Il s'agit du parc rural d'Anaga, un sanctuaire pas comme les autres.

À l'intérieur de ses frontières, Anaga protège un trésor de flore et de faune que l'on ne trouve nulle part ailleurs sur Terre. Le dragonnier emblématique, symbole de résilience et de longévité, se dresse fièrement aux côtés des fleurs vibrantes de fleurs endémiques. Le chant joyeux du pinson bleu remplit l'air, tandis que l'insaisissable lézard géant – relique d'une époque préhistorique – se prélasse parmi les rochers.

Le parc n'est pas simplement un sanctuaire naturel ; il incarne un riche héritage culturel et historique. Ici, les traditions et les rythmes de la vie rurale perdurent, perpétués par les communautés qui habitent Anaga. Leur mode de vie fait écho au passé, offrant un aperçu d'une époque plus simple.

En 2015, l'UNESCO a reconnu la valeur exceptionnelle du parc rural d'Anaga en le désignant réserve de biosphère – un insigne d'honneur qui célèbre l'équilibre délicat entre l'homme et la nature. Le statut du parc est encore renforcé par sa désignation à la fois comme zone de protection spéciale pour les oiseaux et comme site d'importance communautaire, protégé par les directives de l'Union européenne. Ces garanties témoignent de l'importance d'Anaga et des efforts continus pour conserver ses merveilles naturelles.

Le Cabildo de Tenerife, le gouvernement de l'île, gère soigneusement le parc, garantissant qu'il reste un lieu de beauté et de tranquillité pour les générations à venir. Pour améliorer votre expérience, Anaga propose des centres d'accueil regorgeant d'informations, des panneaux d'interprétation disséminés partout, des points de vue panoramiques, des aires de pique-nique pour profiter tranquillement et même des sites de camping pour ceux qui recherchent un lien plus profond avec la nature.

Explorer Anaga

Les sentiers pour découvrir le Parc Rural d'Anaga sont aussi divers que ses paysages. Choisissez une route panoramique en voiture ou optez pour un voyage relaxant en bus depuis les villes de Tenerife. Mais pour ceux qui recherchent une expérience plus immersive, enfilez vos chaussures de randonnée et explorez la multitude de sentiers qui sillonnent le parc. Des promenades douces aux ascensions difficiles, il y a une aventure pour chacun.

Parcourez le Sendero de los Sentidos, un sentier conçu pour éveiller vos sens. Suivez le Sendero de Chinamada qui vous mènera à travers un village pittoresque niché dans les montagnes. Ou embarquez sur le Sendero de Afur, où des vues imprenables sur les ravins et l'océan seront votre récompense.

Envie de l'appel de la mer ? Descendez jusqu'au littoral d'Anaga et découvrez de magnifiques plages. Sentez le sable doré entre vos orteils sur la Playa de las Teresitas, plongez dans les eaux cristallines de la Playa de Benijo ou recherchez les rives isolées de la Playa de Antequera. Que vous souhaitiez nager, bronzer ou attraper une vague sur votre planche de surf, ces joyaux côtiers offrent une évasion sereine.

Les géants

Nichée sur la côte ouest de Tenerife, la petite ville côtière de Los Gigantes jette un charme captivant. Sa renommée réside dans les Acantilados de Los Gigantes, des falaises colossales qui s'élèvent jusqu'à 600 mètres et plongent majestueusement dans les eaux turquoise en contrebas. La ville elle-même dégage une atmosphère vibrante, avec une charmante marina, une sereine plage de sable noir et une délicieuse gamme d'activités pour tenter les voyageurs aventureux.

Embrasser les falaises

Los Gigantes est un endroit où vous êtes éternellement en présence de son homonyme. Ces parois rocheuses abruptes attirent l'attention et il existe d'innombrables façons d'admirer leur beauté impressionnante. Promenez-vous le long de la marina, où les falaises forment une toile de fond spectaculaire pour les bateaux qui bougent. Sentez le sable doux et volcanique entre vos orteils sur la plage tout en contemplant l'immensité des falaises. Pour un panorama à couper le souffle, montez jusqu'au « mirador » de la ville. Situé sur la route principale en direction de Tamaimo, son voisin, ce point de vue offre des vues inégalées sur Los Gigantes, les falaises se déroulant devant vous dans toute leur splendeur.

La façon la plus inoubliable de découvrir les falaises est peut-être depuis l'eau. Imaginez monter à bord d'un catamaran, d'un voilier élégant ou d'un hors-bord rapide et embarquer pour un voyage le long du magnifique littoral. Sentez la brise océanique sur votre visage lorsque vous approchez de ces anciens géants, émerveillé par leur taille et la texture accidentée de la roche. Ces excursions en bateau ouvrent un monde de possibilités ; gardez les yeux ouverts pour observer les dauphins, les baleines et les tortues naviguant gracieusement dans les eaux cristallines. Certaines excursions offrent même la possibilité de se glisser dans l'océan rafraîchissant pour nager ou faire de la plongée avec tuba au milieu de ce pays des merveilles naturelles.

Au-delà des falaises : découvrez les charmes de Masca
Pour ceux qui ont soif d'aventure, une visite des gorges et du village de Masca à proximité promet un voyage inoubliable. À seulement 15 kilomètres de Los Gigantes, Masca est une tranche parfaite du Tenerife traditionnel. Niché au milieu des montagnes, l'architecture et le mode de vie de ce hameau restent magnifiquement préservés du temps. Promenez-vous dans les rues du village en admirant les maisons pittoresques, l'église historique et peut-être même entrez dans le musée du village pour en savoir plus.

De là, les amoureux de la nature pourront se lancer dans la légendaire randonnée des gorges de Masca. Ce ravin de 4,5 kilomètres descend vers l'océan, récompensant les randonneurs à chaque pas. Des vues inégalées sur les falaises, une flore vibrante et une faune fascinante vous attendent. N'oubliez pas que ce sentier nécessite une bonne condition physique et un équipement de randonnée approprié, car il dure environ 3 heures. Si vous recherchez une touche unique, envisagez d'organiser un transfert en bateau depuis l'extrémité de la gorge jusqu'à Los Gigantes pour un retour panoramique par voie maritime !

Les géants

Après une journée remplie de paysages à couper le souffle, Los Gigantes vous invite à goûter à sa scène culinaire diversifiée et à découvrir sa vie nocturne animée. Les restaurants et les bars tentent avec la promesse de délicieuses saveurs locales. La générosité de l'océan est pleinement visible ; savourez du thon frais, des sardines ou peut-être des calamars délicatement préparés. Ne manquez pas les plats traditionnels comme les "papas arrugadas" - petites pommes de terre ridées servies avec l'emblématique sauce "mojo" - ou la copieuse "ropa vieja". Terminez votre repas sur une note sucrée avec le « bienmesabe », un irrésistible dessert à la crème d'amande. Los Gigantes propose également une belle sélection de vins de Tenerife, notamment Malvasia, Listán Negro et Marmajuelo.

Au coucher du soleil, Los Gigantes se transforme en un lieu de divertissement en soirée. Les périodes de week-end et de vacances sont particulièrement animées. Une myriade de bars et de pubs vous invitent à prendre un tabouret ; les concerts, les soirées karaoké et les DJ sets maintiennent l'énergie élevée. Pour ceux qui souhaitent danser toute la nuit, les clubs et discothèques ne manquent pas où la fête se poursuit jusqu'au petit matin.

Parc aux perroquets

Dans la ville animée de Puerto de la Cruz, nichée sur la côte nord de la magnifique Tenerife, se trouve une destination extraordinaire : Loro Parque. Ce havre de merveilles zoologiques et marines est l'une des attractions les plus appréciées de Tenerife. Les portes du Loro Parque s'ouvrent sur un royaume où plus de 300 espèces d'animaux et de plantes s'épanouissent avec une diversité éblouissante. Du plumage brillant des perroquets exotiques aux pitreries ludiques des dauphins, de la majesté silencieuse des pingouins à la présence imposante des tigres, en passant par la beauté délicate des orchidées, Loro Parque est une célébration du monde naturel.

Mais le cœur du Loro Parque ne bat pas seulement pour éblouir les visiteurs. La conservation et la recherche sont au cœur de la mission du parc. Une multitude de projets et de programmes défendent la cause de la protection des espèces menacées et de leurs habitats délicats, garantissant ainsi un avenir meilleur à la biodiversité mondiale.

L'histoire remarquable de Loro Parque a commencé en 1972, née de la passion de Wolfgang Kiessling, un entrepreneur allemand passionné par les perroquets. Son voyage a commencé avec une modeste collection de seulement 150 perroquets, une collection qui, au fil du temps, se transformera en quelque chose d'extraordinaire. Aujourd'hui, Loro Parque est un leader mondial dans la conservation des perroquets, avec plus de 4 000 perroquets – la collection la plus grande et la plus diversifiée au monde. Plus important encore, le parc sert de centre de reproduction vital pour de nombreuses espèces de perroquets rares et menacées, assurant ainsi leur héritage pour les générations à venir.

Les merveilles du parc s'étendent bien au-delà de ses perroquets. Imaginez-vous en train de vous promener dans des espaces luxuriants où se mêlent des flamants roses vibrants, des aras colorés prennent leur envol et des toucans comiques observent les visiteurs de manière ludique. Les enclos pour mammifères offrent un aperçu de la vie de magnifiques gorilles, de chimpanzés espiègles, de lions puissants et d'hippopotames étonnamment gracieux. Descendez dans le vaste aquarium du Loro Parque et soyez transporté dans un monde sous-marin regorgeant de vie : les requins glissent sans effort, les raies dansent dans l'eau, les méduses palpitent d'une lueur surnaturelle et les bancs de poissons tropicaux scintillent parmi les récifs coralliens vibrants.

Loro Parque est un lieu où se mêlent divertissement et objectif profond. Il est conçu pour être à la fois impressionnant et profondément éducatif. Des centres d'accueil dédiés, des panneaux d'interprétation perspicaces, des visites guidées et des ateliers interactifs permettent aux visiteurs de se connecter avec les animaux à un niveau plus profond. Découvrez leurs habitats uniques, leurs comportements fascinants, les menaces auxquelles ils sont confrontés dans la nature et le travail de conservation inspirant en cours dans les limites du parc.

La Loro Parque Fundación témoigne de l'engagement inébranlable du parc en matière de conservation. Cette fondation soutient activement des initiatives à travers le monde, protégeant la biodiversité et les environnements fragiles. À ce jour, les efforts de la fondation ont contribué à la préservation de plus de 200 espèces et sous-espèces, un héritage rendu possible grâce à un investissement de plus de 21 millions d'euros investi dans plus de 200 projets à fort impact.

Découvrez Loro Parque
Ce parc extraordinaire vous invite à être témoin des merveilles de la nature. Préparez-vous à être captivé par des spectacles palpitants comme Orca Ocean, où la grâce et la puissance des orques coupent le souffle au public. Les

pitreries ludiques des dauphins de Dolphin Lagoon ne manqueront pas de faire sourire, tandis que le charmant spectacle Sea Lion Fun révèle l'intelligence et l'humour de ces mammifères marins.

Parc Siam

Franchissez les portes et soyez instantanément transporté dans une oasis de sensations fortes et de détente sur le thème thaïlandais. Siam Park est le joyau des parcs aquatiques des îles Canaries et une attraction incontournable pour toute aventure à Tenerife. Siam Park s'adresse à tous les explorateurs, promettant un mélange inoubliable de toboggans qui font monter l'adrénaline, de piscines sereines et même d'expériences VIP exclusives.

Diapositives conçues pour une excitation maximale
Siam Park possède une collection de toboggans réputés pour leur innovation et leurs chutes palpitantes. Faites appel à votre courage et partez à la conquête de la Tour du Pouvoir. Cette chute libre de 28 mètres n'est pas pour les âmes sensibles, vous dévalant un toboggan transparent qui plonge directement à travers un bassin rempli de requins et de raies.

Pour une expérience vraiment vertigineuse, le Dragon vous attend : un toboggan ProSlide Tornado construit pour vous faire tourbillonner autour d'un entonnoir colossal pour une rotation inoubliable. Si vous avez envie d'un mélange de vitesse, de dénivelés et de courbes palpitantes, ne cherchez pas plus loin que le Kinnaree, une balade aquatique hybride de 200 mètres garantie pour faire monter votre adrénaline.

Mais les sensations fortes ne s'arrêtent pas là ! Le Singha, une montagne russe pas comme les autres, utilise de puissants jets d'eau pour vous propulser le long de sa piste exaltante. Pour un avant-goût de l'inattendu, le Vulcano vous invite ; cet entonnoir à eau XXL vous plonge dans un monde de ténèbres ponctué d'éclairs lumineux éblouissants.

Piscines conçues pour la tranquillité tropicale
Les piscines du Siam Park vous transportent dans un monde de bonheur aquatique. Ressentez la puissance impressionnante du Wave Palace, la plus grande piscine à vagues au monde capable de générer de superbes vagues de 3 mètres. Ou abandonnez-vous à la détente sur les rives de Siam Beach, où le sable blanc, les eaux cristallines et les

vues imprenables sur le parc ouvrent la voie à une sérénité ultime. Pour une escapade tranquille, abandonnez-vous au doux courant de la rivière Mai Thai, la plus longue rivière paresseuse de la planète. Ce voyage pittoresque serpente à travers un monde de cascades, de grottes mystérieuses et même d'aquariums sous-marins. Les familles adoreront Coco Beach, une piscine à vagues avec un rivage sablonneux accueillant conçu spécialement pour les jeunes aventuriers.

Détendez-vous dans un luxe inégalé

Siam Park comprend que la véritable détente prend plusieurs formes. C'est pourquoi le parc propose des zones exclusives conçues pour élever votre expérience vers de nouveaux sommets. Offrez-vous le Champagne Club, un havre VIP composé de lits balinais opulents, de jacuzzis rajeunissants et, bien sûr, d'un service de champagne décadent. Ou optez pour l'intimité inégalée des Cabañas VIP. Nichées dans le parc, ces retraites individuelles sont dotées d'une multitude de touches luxueuses, notamment des laissez-passer rapides et une expérience de restauration tout compris. Chaque Cabaña dispose de hamacs, d'une terrasse de douche, de serviettes moelleuses, d'un ventilateur, d'un canapé, d'une télévision et d'un minibar. Pour le summum du luxe, sélectionnez une Cabaña VIP dotée de son propre jacuzzi extérieur privé.

Là où la faune et les merveilles se croisent
Siam Park allie harmonieusement des attractions aquatiques palpitantes à un regard éducatif et captivant sur le monde naturel. Dans le parc, vous rencontrerez plus de 300 espèces d'animaux et de plantes – une tapisserie vibrante de vie ! Des perroquets espiègles à la grâce des dauphins en passant par les pingouins et la majesté indéniable des tigres, Siam Park offre de délicieuses surprises.

Votre immersion ne s'arrête pas là. Assurez-vous de découvrir des spectacles fascinants comme Orca Ocean, le Dolphin Lagoon et le toujours joyeux Sea Lion Fun. Plus important encore, Siam Park est un lieu où divertissement et conservation vont de pair. L'engagement profond du parc envers la protection de la faune transparaît à travers ses divers projets et son soutien indéfectible aux efforts de conservation des espèces menacées.

Masque de village

Niché au nord-ouest de Tenerife, au milieu des paysages spectaculaires des montagnes de Teno, se trouve le charmant village de Masca. Lieu d'une beauté à couper le souffle et d'un isolement durable, le village de Masca attire les visiteurs désireux de se connecter avec la splendeur naturelle et le riche patrimoine culturel de l'île.

Nées du cœur ardent d'éruptions volcaniques il y a des millions d'années, les montagnes Teno sont les gardiens robustes de Masca. Niché à 650 mètres d'altitude, le village est entouré de profonds ravins creusés au fil des millénaires et de falaises abruptes qui semblent percer le ciel. De ce point de vue, des vues inégalées se dévoilent : une tapisserie de vallées verdoyantes s'étendant vers l'océan lointain.

Masca elle-même est une image au charme intemporel. Seule une poignée de maisons ornent le village, chacune témoignant de l'architecture traditionnelle des Canaries : murs en pierre patinés par le temps, charmants balcons en bois et toits de tuiles en terre cuite. Au cœur du village se trouve une petite mais belle église dédiée à l'Immaculée

Conception. Si vous aspirez à un aperçu plus profond de l'âme de Masca, le musée du village vous attend. Dans ses murs, découvrez les coutumes locales et plongez dans la riche histoire qui résonne à travers les paysages environnants.

Avant la conquête espagnole de Tenerife en 1496, Masca servait de refuge aux Guanches, le peuple indigène des îles Canaries. Vivant en harmonie avec le monde naturel, ils ont forgé leur propre culture et leurs traditions au sein de ce refuge de montagne abrité. Les légendes locales murmurent des histoires de pirates cherchant refuge dans les ravins isolés et les grottes cachées de Masca. On dit que ces lieux cachés servaient de coffre-fort pour des trésors mal acquis, mais les documents historiques restent muets sur la véracité de ces histoires alléchantes.

Pendant des siècles, Masca est restée isolée du monde extérieur. Ce n'est qu'en 1991 que la première route relie ce joyau caché au reste de l'île. Jusque-là, le seul moyen d'atteindre Masca était une randonnée exigeante à pied ou à dos de mulet – une réalité qui a façonné l'esprit de résilience et l'autosuffisance du village. Les villageois dépendaient fortement de l'agriculture et de l'élevage pour leur subsistance.

L'arrivée de la route a ouvert les portes de Masca sur le monde, attirant ceux qui aspiraient à découvrir sa beauté unique et son authenticité durable. Mais tenez compte de cet avertissement, aventurier : la route vers Masca est une épreuve d'habileté. Étroite, sinueuse et exigeante, elle exige une grande concentration de la part de ceux qui choisissent de conduire. Pour un voyage moins stressant, pensez à opter pour un bus ou un taxi depuis les villes voisines comme Buenavista del Norte ou Santiago del Teide.

La façon la plus emblématique de découvrir les merveilles de Masca est peut-être de se lancer dans une randonnée dans les spectaculaires gorges de Masca. Descendant du village vers l'océan, ce ravin de 4,5 kilomètres est un chef-d'œuvre naturel. Prévoyez environ trois heures pour terminer la randonnée, en vous assurant d'avoir une bonne forme physique et tout l'équipement de randonnée nécessaire. La gorge se déplace et change constamment : des cascades tumultueuses, des grottes cachées et des formations rocheuses spectaculaires se révèlent à chaque virage. Pendant ce temps, des vues panoramiques sur les falaises, une vie végétale vibrante et peut-être un aperçu de la faune locale ajoutent à cette expérience impressionnante. Atteignez le terminus des gorges dans la baie de Masca, où des bateaux vous attendent pour vous ramener à la ville côtière de Los Gigantes, célèbre pour ses falaises colossales.

Garachico

Nichée le long de la côte nord de Tenerife, la ville de Garachico dégage un charme intemporel et possède une riche histoire. Autrefois cœur animé du commerce maritime de l'île, le destin de Garachico a été modifié à jamais en 1706 par une éruption volcanique dévastatrice. Pourtant, il a émergé de ses cendres – un témoignage de l'esprit durable de son peuple. Aujourd'hui, les visiteurs peuvent voir les traces du vieux port, du château stoïque et de l'église, résistant aux événements tumultueux du temps.

Explorer les trésors durables de Garachico

Commencez votre exploration de Garachico au Castillo de San Miguel, un imposant témoignage de l'architecture militaire du XVIe siècle. Construit en 1575 comme bastion contre la menace omniprésente des pirates, il a miraculeusement résisté à l'éruption volcanique plus d'un siècle plus tard. La forme carrée du château est encadrée par quatre bastions défensifs et comprenait autrefois un pont-levis pour plus de sécurité. Dans ses murs, le Centre d'information sur le patrimoine vous attend et vous invite à vous immerger dans la riche histoire et la culture vibrante de Garachico.

Laissez vos pas vous guider vers le centre historique de Garachico. Ici, la Plaza de la Libertad constitue le cœur animé de la ville. L'impressionnant hôtel de ville et la belle église de Santa Ana servent de points d'ancrage, aux côtés de l'historique Casa de los Condes de la Gomera. Ensuite, embarquez pour une promenade dans la Calle de Esteban de Ponte, la plus ancienne rue de Garachico. C'est ici que surgissent des joyaux architecturaux : le couvent de San Francisco, la Casa de Piedra et la Casa de la Aduana invitent tous à être explorés. Continuez vers la Plaza de Juan Gonzalez de la Torre, où l'église de San Roque, la Casa de los Marqueses de Quinta Roja et le musée d'art contemporain complètent une délicieuse expérience architecturale.

Là où la lave rencontre la mer : les piscines naturelles d'El Caletón

Parmi les merveilles naturelles les plus appréciées de Garachico figurent les piscines d'El Caletón. Nés de l'éruption volcanique de 1706, ces bassins formés de lave offrent un répit le long de la côte accidentée. Chaque piscine est distincte et contient des eaux cristallines idéales pour la baignade et la plongée en apnée. Prenez un bain de soleil sur les roches volcaniques lisses, sentez les embruns marins sur votre visage tout en admirant les vues à couper le souffle sur la côte et les montagnes.

Remontez le temps : Casa de Los Balcones

Véritable témoignage de l'architecture traditionnelle canarienne, la Casa de Los Balcones invite les visiteurs à voyager dans le passé. Construite au XVIIe siècle pour une famille locale prospère, cette maison présente une façade fantaisiste peinte de couleurs vives. Trois étages de balcons en bois ornés et de charmantes cours ajoutent à son attrait. Dans ses murs, une capsule temporelle vous attend ; des meubles d'époque authentiques, des ustensiles et des costumes traditionnels donnent un aperçu de la vie des générations passées. Enfin, explorez la boutique d'artisanat de la maison, où les visiteurs peuvent acheter des produits exquis fabriqués localement, tels que de la poterie, de la broderie et même du vin produit localement.

Une vue inoubliable : le point de vue de Garachico
Pour un panorama vraiment inoubliable sur Garachico et ses environs pittoresques, une visite au Mirador de Garachico s'impose. Suivez la route menant à Icod de los Vinos, où vous trouverez un grand parking et un point de vue désigné. De ce point de vue surélevé, une scène à couper le souffle se dévoile : toute la ville animée, les piscines naturelles d'El Caletón, le château, l'église historique et le port moderne. Contemplez l'océan et admirez l'emblématique Roque de Garachico, un îlot volcanique solitaire devenu un symbole bien-aimé de la résilience de Garachico.

Pyramides de Güímar

Pyramides de Güímar

Dans la ville de Güímar, le long de la côte sud de Tenerife, se dressent six pyramides à gradins entièrement réalisées en pierre de lave. Ces structures captivent les historiens, les archéologues et les esprits curieux depuis des décennies, déclenchant un débat sur leur origine, leur date de création et leur objectif prévu, qui reste à ce jour non résolu.

C'est Thor Heyerdahl, le célèbre explorateur et anthropologue norvégien, qui a propulsé les pyramides de Güímar sous les projecteurs de l'attention internationale. Ayant déménagé à Tenerife en 1990, Heyerdahl est devenu fasciné par les rapports locaux sur ces structures anciennes. Il a été immédiatement frappé par les similitudes entre les pyramides et celles trouvées partout dans le monde, en Égypte, au Mexique et au Pérou. Des détails infimes continuent d'alimenter son intérêt : l'alignement des pyramides avec les solstices et l'inclusion d'escaliers sur leurs côtés ouest. S'appuyant sur ses vastes connaissances et son expérience, Heyerdahl a émis l'hypothèse que ces structures étaient l'œuvre d'anciens peuples marins qui ont traversé l'océan Atlantique, établissant des liens avec des civilisations à travers les continents.

Cependant, l'hypothèse audacieuse de Heyerdahl est loin d'être universellement acceptée. Certains érudits contestent avec véhémence ses affirmations, affirmant que les pyramides ne sont pas du tout des vestiges antiques, mais plutôt un phénomène relativement moderne remontant au 19e siècle. Ils postulent que les agriculteurs locaux, poussés par la nécessité de défricher leurs terres à des fins agricoles, ont simplement empilé les abondantes pierres de lave dans ces structures. Les critiques soutiennent en outre que les pyramides ne sont pas uniques à Güímar, avec des structures similaires trouvées ailleurs à Tenerife. La validité des alignements astronomiques proposés par Heyerdahl est également remise en question, avec la possibilité que les alignements soient une coïncidence ou même faussés par des modifications ultérieures du site.

Le débat captivant autour de ces structures fait rage, sans aucune réponse définitive en vue. Aujourd'hui, les pyramides constituent la pièce maîtresse d'un parc ethnographique spécialement créé pour plonger les visiteurs dans le mystère. Explorez l'histoire des pyramides, leurs caractéristiques géologiques uniques et les théories alléchantes de Heyerdahl concernant leur lien avec les cultures du monde antique. Le parc offre des perspectives supplémentaires à travers un musée dédié, un jardin botanique luxuriant, un auditorium et même une cafétéria pour vous rafraîchir avant de poursuivre votre exploration.

Les Pyramides de Güímar accueillent les visiteurs tous les jours de 9h30 à 18h00. Un droit d'entrée de 12 euros pour les adultes et de 6 euros pour les enfants vous donnera accès à cet espace de débat archéologique. Que vous pensiez qu'elles détiennent les secrets d'anciennes civilisations ou qu'elles témoignent des pratiques agricoles du XIXe siècle, les pyramides de Güímar enflammeront à coup sûr votre imagination et inspireront un sentiment d'émerveillement historique.

Activités de plein air à Ténérife

Sentiers de randonnée et de trekking

Que vous ayez envie de parcourir des coulées de lave refroidies, de la tranquillité des forêts verdoyantes ou des vues côtières à couper le souffle, Tenerife est le rêve de tout randonneur devenu réalité. Avec des sentiers conçus pour répondre à un large éventail de niveaux d'expérience et d'intérêts, l'île offre des possibilités infinies d'aventure et de découverte. Explorons quelques-uns des sentiers incontournables de Tenerife.

L'aventure vous attend au Forestal Park Tenerife
Si vous souhaitez ajouter une montée d'adrénaline à votre randonnée dans la nature, Forestal Park Tenerife est la destination idéale. Ce parc unique propulse littéralement la randonnée vers de nouveaux sommets ! Naviguez à travers la magnifique forêt de la Couronne, à la rencontre de tyroliennes palpitantes, de ponts oscillants, de parcours de cordes complexes et de filets difficiles. Forestal Park propose divers circuits conçus pour différents âges et niveaux de compétence, garantissant ainsi un défi parfait pour chaque explorateur intrépide. Le parc est ouvert du

vendredi au dimanche et vous accueille entre 10h00 et 15h00, mais assurez-vous de réserver votre aventure en ligne à l'avance.

PR-TF 43 Montaña Blanc

Pour ceux qui recherchent une promenade tranquille et pittoresque, le sentier circulaire PR-TF 43 Montaña Chinyero est un choix idéal. Ce sentier fait le tour du volcan Chinyero, le plus jeune des îles Canaries, offrant des rappels constants de son passé ardent. La dernière éruption a eu lieu en 1909 et les restes de la coulée de lave sont encore visibles le long du parcours. Profitez de vues panoramiques, d'une végétation vibrante et de la chance d'observer la faune locale tout au long de votre voyage. Les sentiers bien balisés du sentier, d'une longueur de 5,1 milles et d'un léger gain d'altitude de 787 pieds, le rendent parfait pour une escapade relaxante de 2 heures et 15 minutes dans la nature.

Roques de García

Parmi les sentiers les plus appréciés et les plus pittoresques du parc national du Teide (le parc national le plus grand et le plus ancien d'Espagne), se trouve celui des Roques de

García. Partant du parking Mirador de los Roques, ce sentier serpente autour d'impressionnantes formations rocheuses sculptées par l'érosion au fil d'innombrables années. Vous rencontrerez l'emblématique Roque Cinchado (également connu sous le nom de « Doigt de Dieu »), le Roque del Burro, les Roques Blancos et bien d'autres formations géologiques fascinantes. Le sentier offre également aux randonneurs des vues à couper le souffle sur le volcan Teide, le plus haut sommet d'Espagne, et sur la vaste vallée de l'Ucanca. Le sentier Roques de García a une longueur gérable de 2,2 miles, présente un gain d'altitude de 459 pieds et prend généralement environ une heure et 15 minutes.

PR-TF 6.3 Benijo - Cruz del Draguillo

Les aventuriers aspirant à une randonnée exigeante mais incroyablement enrichissante ne devraient pas chercher plus loin que le sentier PR-TF 6.3 Benijo - Cruz del Draguillo. Ce voyage vous transporte de la beauté côtière de Benijo au cœur du massif d'Anaga, une réserve de biosphère de l'UNESCO. Lors de votre ascension, traversez le pittoresque hameau d'El Draguillo, un délicieux exemple de l'architecture traditionnelle des Canaries, tout en admirant des panoramas à couper le souffle sur d'imposantes falaises, le vaste océan et les collines verdoyantes. Soyez prêt à affronter des pentes raides et des terrains rocheux : des chaussures appropriées et une bonne condition physique sont essentielles pour cette randonnée. La longueur du sentier de 3,2 milles et le gain d'altitude difficile de 1 640 pieds nécessitent généralement environ 2 heures et 30 minutes pour être conquis.

Plus de sentiers incroyables à Tenerife à explorer
Paysage lunaire de Vilaflor : embarquez pour un voyage vers le terrain surnaturel du paysage lunaire. Commencez à Vilaflor, le village le plus haut de Tenerife, et parcourez une forêt de pins odorante. Atteignez le point de vue du paysage lunaire et observez des formations rocheuses particulières sculptées au fil du temps par les forces incessantes du vent et de l'eau.

Promenade Chinyero : Cette randonnée facile traverse le site de la dernière éruption volcanique de Tenerife en 1909. Soyez témoin du contraste saisissant entre la lave noire refroidie, la verdure vibrante et les imposants volcans Chinyero et Teide.

Pistes cyclables

Que vous soyez un cycliste chevronné à la recherche de l'ascension ultime ou un débutant attiré par les vues côtières, les pistes cyclables de Tenerife promettent une aventure inoubliable sur deux roues. Les paysages spectaculaires de l'île, son terrain varié et sa météo souvent favorable créent l'environnement idéal pour une vaste gamme d'expériences cyclistes. Quelques-unes des pistes cyclables les plus populaires de l'île :

Boucle de Playa de Las Americas à Los Gigantes
Pour ceux qui souhaitent se plonger dans le monde du cyclisme à Tenerife, cet itinéraire constitue un point de départ idéal. Commençant au cœur touristique animé de Playa de Las Americas, votre voyage serpente vers les falaises à couper le souffle de Los Gigantes. Parcourez des villes pittoresques comme Adeje, Guia de Isora et Santiago del Teide, en vous imprégnant d'un délicieux mélange de paysages côtiers, d'aperçus de plantations de bananes et du

décor volcanique omniprésent de l'île. Ce parcours de 57,5 km présente un dénivelé de 1 100 m et se déroule principalement sur des routes goudronnées, avec quelques segments de chemin de terre pour plus de variété. Comptez environ 3 heures pour terminer votre trajet.

Boucle de la forêt de lauriers d'Anaga
Si vous êtes prêt à relever le défi, la boucle Anaga Laurel Forest est à la hauteur. Cet itinéraire vous plonge au cœur du parc rural d'Anaga, réserve de biosphère de l'UNESCO réputée pour son écosystème unique de forêt de lauriers et sa richesse en espèces endémiques. Votre aventure commence et se termine à San Cristobal de La Laguna, un site du patrimoine mondial présentant la riche architecture et l'histoire coloniale de l'île. Tout au long de ce parcours de 50 km, avec un dénivelé de 1 400 m, vous traverserez de charmants villages tels que Tegueste, Pedro Alvarez et Taganana. Préparez-vous à des vues époustouflantes : pensez à des montagnes spectaculaires, à des vallées luxuriantes et à des aperçus du littoral accidenté. Bien que principalement pavé, le parcours comprend quelques

sections de gravier. Prévoyez environ 4 heures pour terminer cette aventure.

Chio au Teide via la boucle de La Orotava

Les cyclistes aguerris avides d'une épreuve d'endurance le trouveront sur cet itinéraire qui monte jusqu'au sommet du Teide. Le plus haut sommet d'Espagne, le Teide est également le troisième plus haut volcan du monde – un défi formidable avec des récompenses incroyables. Ce voyage commence et se termine dans la petite ville de Chio, située au sud-ouest de l'île. Préparez-vous pour une longue randonnée de 136 km avec un dénivelé exigeant de 3 600 m. Votre ascension vous mènera à travers le parc national du Teide, en passant par des villes comme Guia de Isora, La Orotava et La Esperanza. La descente serpente à travers El Portillo, Vilaflor et Arona. Le terrain est pavé, avec quelques sections plus accidentées vers le sommet. Prévoyez environ 8 heures pour cette balade épique.

Sports nautiques

Tenerife est un véritable paradis des sports nautiques, offrant une gamme passionnante d'activités adaptées à tous les niveaux d'expérience et à tous les intérêts. Que vous ayez envie de la montée d'adrénaline à grande vitesse en survolant les vagues, que vous ayez envie d'explorer le monde sous-marin vibrant ou que vous vouliez simplement essayer quelque chose de nouveau, les eaux de Tenerife vous réservent une aventure.

Vivez le frisson
Jet Ski : Si votre cœur s'emballe pour l'exaltation pure, le jet ski est la combinaison parfaite. Ressentez l'incroyable puissance de ces machines lorsque vous foncez à travers les vagues, les embruns océaniques fouettant votre visage et le vent fouettant vos cheveux. Choisissez entre zoomer sur un circuit désigné ou vous lancer dans un voyage guidé plus long de style safari. Pour ceux qui recherchent une expérience partagée, de nombreux jet skis peuvent accueillir plusieurs pilotes, ce qui en fait une aventure encore plus amusante et économique. Rassurez-vous, la sécurité est primordiale ; vous recevrez une orientation et un gilet de sauvetage avant de prendre les commandes de votre jet ski.

Parachute ascensionnel : Pour des vues à couper le souffle qui ne ressemblent à aucune autre, essayez le parachute ascensionnel. Imaginez-vous planant à 50 mètres au-dessus de la côte, un parachute coloré votre guide, tandis qu'un hors-bord vous remorque doucement. Ressentez la tranquillité du ciel en admirant la beauté de l'île : ses paysages grandioses, le vaste océan bleu et les montagnes majestueuses. Aucune expérience préalable n'est nécessaire, ce qui en fait une aventure accessible à tous. De plus, de nombreuses excursions offrent la possibilité de voler avec un compagnon ou un petit groupe, créant ainsi de précieux souvenirs ensemble.

Explorez les profondeurs
Plongée en apnée : Pour ceux qui sont attirés par les mystères sous la surface, la plongée en apnée est un must absolu. Équipé d'un masque, d'un tuba et de palmes, vous vous transformerez en résident temporaire du monde sous-marin vibrant. Découvrez l'incroyable vie marine de Tenerife : des bancs de poissons colorés, des tortues gracieuses et peut-être même les dauphins espiègles qui habitent ces eaux. Les origines volcaniques de l'île ont offert

aux plongeurs un paysage étonnant de récifs coralliens, de formations rocheuses fascinantes et même de grottes cachées. Cette activité accueille les explorateurs de tous niveaux d'expérience ; il vous suffit de savoir nager et de respirer confortablement grâce au tuba.

Kayak : Le kayak offre une manière amusante et active de se connecter avec la mer. Propulsé par la puissance de votre pagaie, vous voyagerez le long du littoral, découvrant des plages isolées, des criques cachées et des falaises spectaculaires. Les eaux de Tenerife sont également un refuge pour les baleines et les dauphins, et les kayakistes chanceux pourront observer de près ces magnifiques créatures. La plupart des excursions en kayak prévoient du temps pour nager tranquillement et prendre des collations, vous permettant ainsi de profiter du soleil et de la beauté de votre environnement. Les visites guidées et les gilets de sauvetage garantissent une expérience sûre, ce qui en fait une aventure sans stress.

Plongée : L'exploration sous-marine ultime vous attend avec la plongée. Descendez dans les profondeurs avec une bouteille de plongée, un détendeur et une combinaison de plongée, ouvrant ainsi la voie à un royaume caché regorgeant de vie. Explorez des épaves englouties, des grottes mystérieuses et des récifs coralliens vibrants. La diversité de la vie marine de Tenerife promet des rencontres uniques : requins, poulpes majestueux, murènes dardées et hippocampes délicats ne sont que quelques-unes des créatures que vous pourrez rencontrer. En raison de l'équipement spécialisé et de la formation impliqués, les plongeurs doivent être certifiés ou s'inscrire à un cours avant de s'aventurer sous l'eau.

Terrains et clubs de golf

Avec son terrain varié, ses parcours variés et sa météo souvent favorable, Tenerife est un véritable paradis pour les golfeurs. Ici, vous trouverez des parcours parfaits pour les vétérans chevronnés à la recherche de défis, ceux qui souhaitent perfectionner leurs compétences sur un parcours historique ou simplement profiter de paysages à couper le souffle tout en jouant.

Ancré dans la tradition : le Real Club de Golf de Tenerife
En tant que parcours de golf le plus ancien de Tenerife (et le deuxième plus ancien d'Espagne !), le Real Club de Golf de Tenerife occupe une place particulière dans le cœur des passionnés. Fondée en 1932, elle se trouve à Tacoronte, au nord de l'île. Niché à 600 mètres d'altitude, le parcours offre des vues imprenables sur l'emblématique volcan Teide et ses chaînes de montagnes environnantes. Ce parcours par 71 s'étend sur 5 740 mètres et présente un tracé de style parc. Attendez-vous à des fairways étroits, des bunkers stratégiques et des greens vallonnés entourés d'arbres luxuriants. Bien qu'il convienne aux joueurs de tous niveaux, ce parcours exige un placement de tir minutieux et une réflexion stratégique pour surmonter les dangers avec succès. Le Real Club de Golf de Tenerife offre toutes les commodités dont vous aurez besoin : un club-house, un pro shop, un restaurant et même un espace d'entraînement pour perfectionner votre jeu.

Défis du championnat : Golf Del Sur
Situé à la pointe sud de l'île, à proximité de l'aéroport et des stations touristiques populaires, Golf del Sur possède un

parcours de championnat de 27 trous conçu par le célèbre Pepe Gancedo. Depuis son ouverture en 1987, il a accueilli des tournois prestigieux comme l'Open de Tenerife et le Shell Wonderful World of Golf. Le parcours est intelligemment divisé en trois sections distinctes de neuf trous : le Nord, le Sud et les Links. Chacun offre un ensemble unique de défis aux golfeurs. Attendez-vous à rencontrer des obstacles d'eau, des bunkers remplis de sable volcanique et occasionnellement un green insulaire pour un test d'habileté supplémentaire. Ce parcours par 72 s'étend sur 6 596 mètres et offre toutes les commodités que vous attendez, notamment un club-house, une boutique du pro, un restaurant, un bar et un practice.

Golf Costa Adeje
Cette impressionnante offre de 27 trous orne la côte sud-ouest de Tenerife, à proximité des hôtels haut de gamme le long du littoral. Le travail de conception a été achevé par José Gancedo avec ses premiers tours joués en 1998. Il est intéressant de noter que le parcours a été construit sur le terrain d'une ancienne bananeraie et a conservé les murs et terrasses en pierre d'origine du site. Golf Costa Adeje

propose deux parcours de 18 trous : le Championnat et l'Exécutif. Le parcours de championnat par 72 s'étend sur 6 937 mètres avec une sensation de style links, de larges fairways et des greens surdimensionnés. Une vue imprenable sur l'océan et les montagnes majestueuses améliore encore votre expérience. Le parcours exécutif par 33 couvre 2 586 mètres et constitue un choix parfait pour les débutants ou ceux qui se concentrent sur leur jeu court. Le Golf Costa Adeje dispose également d'un club-house, d'un pro shop, d'un restaurant, d'un bar et d'un espace d'entraînement.

Plus de destinations de golf incroyables à Tenerife
Amarilla Golf : Ce parcours de 18 trous situé au sud de Tenerife possède des fairways en bord de mer et une marina en toile de fond. Testez vos compétences sur le célèbre 5ème trou, un par 3 exigeant un coup de départ qui doit traverser l'océan jusqu'à un green situé sur un affleurement rocheux.
Buenavista Golf : ce parcours conçu par Severiano Ballesteros est creusé dans la côte nord-ouest avec des falaises spectaculaires et à proximité du parc naturel de Teno. Six trous longent la côte, créant une expérience visuellement époustouflante et stimulante.

Excursions d'observation des baleines et des dauphins

Tenerife est un paradis pour les amateurs de baleines et de dauphins, ses eaux regorgeant de plus de 20 espèces de cétacés différentes. Observer ces magnifiques créatures dans leur habitat naturel est vraiment extraordinaire, et participer à une excursion dédiée à l'observation des baleines et des dauphins est la meilleure façon de faire de ce rêve une réalité. Tenerife propose une gamme de voyagistes réputés, chacun proposant des expériences uniques. Voici un aperçu de quelques-uns des meilleurs :

Observation des baleines à Ténérife
Whale Watch Tenerife est spécialisé dans les excursions d'observation des baleines et des dauphins, avec une équipe de biologistes et de guides passionnés prêts à partager leurs vastes connaissances. Leurs éco-aventures de 2 heures se déroulent sur des catamarans spacieux et confortables, chaque visite étant limitée à 10 personnes seulement pour une expérience plus intime. Attendez-vous à des rencontres rapprochées avec les globicéphales et les dauphins résidents de Tenerife et, selon la saison, peut-être même à

l'observation de géants migrateurs comme les baleines à bosse et les rorquals communs. Whale Watch Tenerife fait un effort supplémentaire en fournissant des microphones sous-marins pour que vous puissiez entendre les cris des cétacés et en proposant même des photos gratuites de votre aventure. Les circuits partent de Puerto Colon à Costa Adeje.

Safari en mer à Ténérife

Si vous avez envie d'une rencontre rapprochée avec une touche d'adrénaline, Sea Safari Tenerife est à votre disposition ! Leurs safaris uniques de 2 heures utilisent des bateaux zodiacs, connus pour leur vitesse et leur capacité à vous rapprocher de l'action. Avec un maximum de 11 invités par bateau, ces excursions promettent d'observer de près des globicéphales, des dauphins et une variété d'autres espèces marines comme les tortues de mer et les poissons volants. Votre aventure comprend également un arrêt rafraîchissant dans une baie isolée où vous pourrez nager, grignoter et profiter du soleil de Tenerife. Les circuits Sea Safari Tenerife partent de Los Cristianos.

Chartes de voile à Tenerife

Pour ceux qui recherchent le summum de l'intimité et du confort, Tenerife Sailing Charters propose une luxueuse observation des baleines et des dauphins sur un yacht privé. Leurs charters de 3 heures accueillent jusqu'à 11 invités et promettent des rencontres inoubliables avec les globicéphales et les dauphins. Mais l'expérience ne s'arrête pas là : lors de ces circuits, vous aurez également l'occasion d'admirer des paysages côtiers à couper le souffle comme les falaises de Los Gigantes et la baie de Masca. Vous aurez également suffisamment de temps pour nager et faire de la plongée en apnée dans des eaux cristallines, suivis d'un délicieux déjeuner et de boissons servis directement à bord. Les excursions de Tenerife Sailing Charters partent de Puerto Colon à Costa Adeje.

Observation des baleines à Tenerife

Cet opérateur bien établi répond à des intérêts divers avec un large éventail d'expériences d'observation des baleines et des dauphins. Choisissez parmi une excursion en catamaran de 2 heures, une excursion en voilier de 3 heures, une éco-croisière approfondie de 5 heures ou même une aventure en bateau privé de 2 heures. Chaque visite comprend des guides expérimentés, une boisson rafraîchissante et une collation. Certains intègrent même des arrêts de baignade et de plongée en apnée. Attendez-vous à rencontrer les globicéphales et les dauphins résidents de l'île et potentiellement d'autres espèces selon la période de l'année. Whale Watching Tenerife propose des circuits au départ de plusieurs endroits, dont Costa Adeje, Los Cristianos et Los Gigantes, avec des prix adaptés à différents budgets.

Expériences culturelles

Musées et galeries d'art

Tenerife possède un patrimoine fascinant, mis en valeur grâce à un éventail de musées et de galeries captivants. Que vos passions portent sur l'histoire naturelle, l'expression artistique ou la découverte du passé de l'île, il y a un trésor culturel à découvrir.

Musée de la Nature et de l'Homme

Ce musée offre un regard fascinant sur l'environnement naturel et l'histoire humaine de Tenerife et de l'archipel des îles Canaries. Explorez des expositions plongeant dans la géologie unique, la vie végétale et animale et la diversité climatique des îles. Plongez dans la culture et les traditions des Guanches, les habitants indigènes de Tenerife. Parmi les objets les plus intrigants du musée figurent des momies Guanches remarquablement préservées, leur existence rendue possible grâce aux forces combinées du climat sec et du sol volcanique. Le musée est installé dans un ancien hôpital construit au XVIIIe siècle, ajoutant une touche de charme historique à votre visite. Vous trouverez ce musée dans le cœur historique de Santa Cruz de Tenerife.

Espace des Arts de Tenerife

Ce pôle culturel est un haut lieu d'expression artistique contemporaine. Dans ses murs, vous découvrirez une sélection diversifiée et en constante évolution d'expositions, d'événements et d'activités célébrant l'art, la littérature et le cinéma contemporains. L'espace présente des œuvres d'artistes de renommée locale et internationale, notamment une impressionnante collection permanente de photographies, de peintures et de sculptures. Tenerife Espacio de las Artes va au-delà de l'art visuel, offrant également une bibliothèque, un cinéma et un café pour le plaisir des visiteurs. Conçu par les célèbres architectes Herzog & de Meuron et Virgilio Gutierrez, le bâtiment lui-même est un exemple frappant d'architecture moderne. Trouvez-le sur l'avenue Saint-Sébastien, près de l'emblématique Auditorium de Tenerife.

Musée d'histoire et d'anthropologie de Tenerife

Ce musée vous invite à plonger dans l'histoire fascinante de Tenerife et des personnes qui l'ont façonnée, depuis l'époque préhispanique jusqu'à nos jours. Des expositions convaincantes utilisent des documents, des artefacts et des expositions soigneusement organisées pour illustrer les transformations sociales, économiques et politiques qui définissent l'identité de l'île. Découvrez les coutumes, croyances et modes de vie uniques adoptés par les divers groupes qui ont élu domicile à Tenerife au fil des siècles. L'expérience du musée est encore enrichie en raison de son emplacement : il réside dans deux bâtiments historiques – le manoir du XVIe siècle connu sous le nom de Casa Lercaro à La Laguna et la Casa de Carta, une maison rurale construite au XVIIIe siècle, située dans la Valle de Guerra.

Plus de destinations artistiques et culturelles à explorer
Musée d'art contemporain Eduardo Westerdahl : découvrez les œuvres d'Eduardo Westerdahl, figure de proue du mouvement artistique d'avant-garde à Tenerife et en Espagne. Explorez ses peintures, dessins, gravures et collages, ainsi que sa collection personnelle, comprenant des livres d'art, des magazines et des affiches. Découvrez les œuvres d'autres artistes influencés par Westerdahl ou avec lesquels il a travaillé, notamment des grands noms tels qu'Óscar Domínguez, Pablo Picasso, Joan Miró et Man Ray.

Ce musée occupe un ancien bâtiment conventuel près de l'église de San Francisco à Puerto de la Cruz.

Círculo de Bellas Artes de Tenerife : Cette galerie d'art et centre culturel se consacre à la promotion de l'expression artistique sur l'île. Il accueille des expositions de peintures, sculptures, photographies et installations créées par des artistes émergents et renommés de Tenerife et d'ailleurs. Participez à des ateliers, des cours, des conférences et des concerts couvrant diverses disciplines artistiques. Le centre lui-même réside dans un bâtiment historique du XIXe siècle au cœur de Santa Cruz de Tenerife.

Sites historiques et monuments architecturaux

Le paysage de Tenerife est parsemé de témoignages de sa longue et fascinante histoire. Des structures anciennes énigmatiques aux villes dynamiques de l'époque coloniale, l'île offre aux visiteurs un aperçu d'un passé captivant.

Pyramides de Güímar

Situées dans la ville de Güímar, ces six pyramides à gradins fabriquées en pierre de lave restent entourées de mystère. Le débat fait rage sur leur origine et leur objectif : étaient-ils la création des Guanches, les premiers habitants de Tenerife, ou peut-être le produit de colons ultérieurs influencés par la franc-maçonnerie ou d'autres cultures ? L'alignement fascinant des pyramides avec les solstices d'été et d'hiver laisse entrevoir une fonction astronomique potentielle. Les visiteurs peuvent approfondir le mystère en visitant le musée sur place, en se promenant dans le jardin botanique et en explorant le parc culturel environnant.

San Cristóbal de La Laguna

Ancienne capitale de Tenerife, San Cristóbal de La Laguna bénéficie du statut de site du patrimoine mondial de l'UNESCO grâce à son centre historique remarquablement préservé. Fondée en 1496, elle constitue la première ville coloniale non fortifiée et présente un plan de ville inspiré du plan en quadrillage de la Renaissance italienne. Les visiteurs seront impressionnés par l'impressionnant patrimoine architectural de la ville : la cathédrale, le palais épiscopal, le couvent de Santa Catalina et l'église de la Concepción ne sont que quelques-uns des exemples les plus étonnants. L'importance culturelle et académique de la ville est encore soulignée par la présence de l'Université de La Laguna, la plus ancienne université des îles Canaries.

Garachico

Nichée le long de la côte nord-ouest de Tenerife se trouve la ville pittoresque de Garachico. Autrefois principal port de l'île et centre commercial animé, le destin de la ville a été modifié à jamais en 1706 par une éruption volcanique dévastatrice qui a détruit à la fois le port et la majeure partie de la ville. Les ruines de la catastrophe – bassins de lave et formations rocheuses uniques – constituent un souvenir poignant de l'événement. L'esprit résilient de Garachico s'incarne dans sa reconstruction et la préservation de trésors historiques comme le château de San Miguel, l'église de Santa Ana et le couvent de San Francisco.

Plus de monuments historiques et architecturaux à explorer Basilique de Candelaria : Cette église majestueuse de la ville de Candelaria honore la Vierge de Candelaria, patronne des îles Canaries. L'histoire raconte que deux bergers Guanches découvrirent une statue de la Vierge sur la plage au XIVe siècle. L'église originale du XVIIe siècle a succombé à un incendie, remplacée en 1959 par la structure actuelle. La conception néoclassique comprend un dôme, une tour et une vaste esplanade. Ne manquez pas le musée sur place, où vous pourrez voir la statue originale de la Vierge et d'autres objets religieux.

Auditorio de Tenerife : Cette remarquable réalisation architecturale moderne orne la capitale, Santa Cruz de Tenerife, de sa présence balnéaire. Conçu par le célèbre architecte Santiago Calatrava, le bâtiment a été inauguré en 2003. Sa forme unique, comparable à une vague ou à une voile, est recouverte de béton et de tuiles blanches. Véritable phare culturel et architectural de l'île, il accueille de nombreux concerts, opéras, festivals et autres événements. Dans ses murs, vous trouverez un grand auditorium d'une capacité de 1 616 personnes et une plus petite salle de chambre pouvant accueillir jusqu'à 428 personnes.

Cuisine et gastronomie canarienne

La cuisine de Tenerife est un vibrant témoignage de l'histoire, de la géographie et du fascinant mélange de cultures qui ont façonné son identité. Les influences des

Guanches indigènes, des colonisateurs espagnols, des immigrants africains et latino-américains et d'innombrables voyageurs ont convergé au fil du temps, créant un paysage culinaire à la fois unique et remarquablement adaptable. Le sol volcanique de l'île, la proximité de l'océan Atlantique et le climat subtropical jouent tous un rôle dans les délicieux ingrédients qui se retrouvent dans les plats locaux.

Les saveurs essentielles de la cuisine canarienne
Mojo : le cœur de la saveur
Aucune discussion sur la cuisine canarienne n'est complète sans mentionner l'omniprésente sauce mojo. Ces sauces savoureuses se déclinent dans une gamme de couleurs et de variations. Les plus courants sont le mojo rouge, composé de poivrons séchés, d'ail, de cumin, de vinaigre et d'huile, et son homologue, le mojo vert, où la coriandre fraîche prend la tête. Mojo apporte une explosion de notes épicées et aromatiques à d'innombrables plats, accompagnant tout, de la viande et du poisson aux pommes de terre, en passant par le fromage et le pain.

Papas Arugadas : une humble pomme de terre transformée

Ces petites pommes de terre sont un classique des îles Canaries et un plat apprécié à Tenerife. Ils acquièrent leur peau ridée unique pendant le processus de cuisson, bouillis dans de l'eau salée. Souvent servies avec une sauce mojo, elles portent à Tenerife le surnom attachant de « papas bonitas » ou « belles pommes de terre ». Leur saveur et leur texture particulières proviennent du sol riche et du climat favorable des hauts plateaux de l'île où ils sont cultivés.

Gofio : un incontournable depuis l'Antiquité

Cette farine de maïs ou de blé torréfiée a de profondes racines à Tenerife, dont l'utilisation remonte au peuple Guanche. Il reste aujourd'hui un pilier central de la cuisine canarienne et est remarquablement polyvalent. Le Gofio peut être transformé en une pâte épaisse avec de l'eau, du lait, du miel, du fromage ou du bouillon. On le retrouve dans les soupes, les ragoûts, les desserts et peut même être utilisé dans le pain, les gâteaux ou les biscuits. Cet aliment de base nutritif présente un profil de saveur de noisette et de pain grillé.

Plus de délices à découvrir

Queso de Cabra : Le fromage de chèvre est une autre tradition culinaire remontant aux Guanches. Tenerife produit de nombreuses variantes, chacune avec sa propre forme, sa taille et ses nuances de saveur. Des facteurs tels que le type de lait, les processus de salaison et l'ajout d'herbes et d'épices contribuent tous à ces différences. Certaines variétés très appréciées incluent le queso de flor (à base de lait de chèvre et de fleur de chardon), le queso ahumado (fumé au bois d'amandier) et le queso de Tierra del Trigo (à base de lait cru et de paprika).

Puchero Canario : Ce ragoût copieux comprend de la viande, des légumes, des légumineuses et le gofio omniprésent. C'est un plat traditionnel réconfortant souvent apprécié pendant les mois d'hiver ou lors d'occasions festives comme Noël ou le carnaval. Bien que les ingrédients puissent changer en fonction de la région et de la saison, attendez-vous à trouver des éléments comme du bœuf, du porc, du poulet, des pois chiches, des pommes de terre, des carottes, du chou, du maïs, de la citrouille et des patates douces. Le bouillon savoureux est généralement servi séparément avec du gofio ou du pain, suivi de la viande et des légumes comme plat principal.

Conejo al Salmorejo : Le lapin occupe une place centrale dans cette délicatesse. La viande est d'abord marinée dans une sauce savoureuse remplie d'ail, de vinaigre, de vin, de feuilles de laurier, d'origan, de thym, de sel et de poivre. Il est ensuite frit ou rôti et servi accompagné de pommes de terre, de salade ou de pain. Le lapin tendre et juteux infusé de sauce piquante et aromatique en fait une spécialité appréciée.

Ils avaient peur de lui
Le nom de ce dessert se traduit par « ça me semble bon », un sentiment avec lequel la plupart seront sûrement d'accord ! C'est une concoction crémeuse et onctueuse d'amandes moulues, de miel, d'œufs, de zeste de citron et de cannelle. Le Bienmesabe possède une riche douceur et peut être dégusté seul ou pour rehausser d'autres desserts comme la crème glacée, le yaourt ou le gâteau. C'est l'un des desserts les plus anciens des Canaries.

Fêtes et événements traditionnels

Des célébrations reflétant l'esprit de Tenerife

Les festivals et événements traditionnels de Tenerife sont un reflet captivant de l'histoire de l'île, de ses habitants et de ses traditions profondément ancrées. Des joyeuses célébrations religieuses aux expressions de talents artistiques et d'un folklore profondément enraciné, il existe un festival à Tenerife pour ravir tous les goûts. Explorons quelques-uns des événements incontournables :

Carnaval de Santa Cruz de Tenerife

Ce festival n'a pas besoin d'être présenté ; il est réputé comme le carnaval le plus spectaculaire de Tenerife et reconnu comme l'un des carnavals les plus grands et les plus colorés au monde. Selon le calendrier lunaire, il a lieu en février ou mars et attire des foules de visiteurs des quatre coins du monde. Le carnaval est une période propice à la joie, à la créativité et à une liberté débridée. Des costumes élaborés, des danses, des chants et un sens de l'amusement sans limites remplissent les rues. Ne manquez pas des événements comme l'élection de la Reine du Carnaval, le défilé fascinant où dansent et célèbrent chars et groupes costumés, l'enterrement symbolique de la sardine et la danse des mages. Le carnaval sert également de vitrine aux incroyables talents musicaux et artistiques de Tenerife, des groupes de rue animés aux captivants marcheurs de rue, sérénades et autres innombrables artistes.

Romarin de San Isidro Labrador

En mai, la ville de La Orotava, au nord de Tenerife, accueille ce pèlerinage traditionnel en l'honneur de San Isidro Labrador, le saint patron des agriculteurs et des paysans. C'est une occasion festive et vibrante où les habitants revêtent des costumes traditionnels canariens et parcourent les rues de la ville. Les modes de transport varient de la marche aux charrettes richement décorées ou même à cheval ou à dos d'âne. Les charrettes elles-mêmes sont des œuvres d'art, ornées de fleurs, de fruits, de légumes et d'autres délices, les participants partageant souvent de la nourriture et des boissons avec ceux qui bordent les rues. Bien sûr, la musique, la danse et le chant font partie intégrante de la célébration, avec des groupes et groupes folkloriques ajoutant à l'atmosphère joyeuse.

Plus de festivals pour enflammer votre imagination

Corazones de Tejina : Ce festival unique en son genre a lieu en août dans le village de Tejina, au nord-est de Tenerife. Au cœur du festival se trouve la création et l'exposition d'énormes cœurs construits à partir de fleurs, de fruits et d'autres matériaux naturels. Ces œuvres impressionnantes ornent les façades des maisons locales. Les cœurs représentent les efforts de collaboration et la créativité extraordinaire des villageois, qui participent à une compétition amicale pour remporter le meilleur cœur. Le festival comprend également une procession où les cœurs sont portés à l'église et se termine par un feu de joie, où les cœurs sont finalement brûlés.

Fiesta de la Virgen de la Candelaria : Cette fête allie signification religieuse et célébration culturelle et commémore l'apparition de la Vierge de Candelaria (sainte patronne des îles Canaries) à deux bergers Guanches il y a des siècles. Organisé deux fois par an, le 2 février et le 15 août, dans la ville de Candelaria, sur la côte est de Tenerife, le festival comprend des éléments tels qu'une messe, une procession et une reconstitution de l'apparition mettant en vedette des acteurs en costume traditionnel Guanche. La fête attire de nombreux pèlerins et fidèles qui viennent vénérer l'image de la Vierge dans la basilique.

Festival Internacional de Música de Canarias : Cette célébration musicale internationale a lieu en janvier et février dans divers lieux de Tenerife, notamment l'Auditorio de Tenerife, le Teatro Leal et le Teatro Guimerá. C'est un paradis pour les mélomanes, proposant des concerts, des récitals et des performances d'artistes et d'orchestres de renommée mondiale spécialisés dans tous les domaines, du classique au jazz, en passant par les musiques du monde et les genres contemporains. Le festival va au-delà des performances, proposant également des ateliers, des masterclasses et des activités pédagogiques tant pour les musiciens chevronnés que pour le public.

Marchés locaux et artisanat

Explorez les marchés de Tenerife

Pour ceux qui recherchent une expérience immersive mettant en valeur les saveurs, le talent et l'esprit de Tenerife, ses marchés locaux sont un incontournable. Découvrez une variété alléchante de produits : aliments frais, artisanat traditionnel, vêtements, bijoux, souvenirs et créations artistiques uniques. Ces marchés ne sont pas de simples lieux de commerce ; ce sont des centres d'activités où vous pouvez entrer en contact avec les habitants, en apprendre davantage sur la culture de l'île et être témoin de techniques traditionnelles transmises de génération en génération. Explorons quelques-uns des marchés les plus captivants de Tenerife :

Marché Notre-Dame d'Afrique
Situé dans la capitale de l'île, ce marché constitue un lieu incontournable. Découvrez l'architecture captivante d'inspiration marocaine en entrant, puis préparez-vous à être ébloui par plus de 300 stands débordant d'images et d'odeurs alléchantes. Explorez l'abondance de produits frais, les meilleures viandes et poissons, le paradis des amateurs de fromage, les délices de la boulangerie, les expositions florales vibrantes et bien plus encore. Vous trouverez également une section dédiée où les artisans locaux présentent leurs incroyables compétences en matière de poterie, de travail du cuir, de sculpture sur bois et de

créations textiles complexes. Le Mercado Nuestra Señora de África accueille les visiteurs tous les jours de 6h à 14h et le dimanche de 6h à 15h.

Marché fermier de Tacoronte

Dans la ville nord de Tacoronte, ce marché fermier vous attend. Il a la particularité d'être l'un des marchés les plus grands et les plus anciens de Tenerife. Avec plus de 100 stands individuels, c'est un trésor de fruits et légumes frais de l'île, de miel, de vin, de fromages et d'autres produits délicieux produits localement provenant directement des agriculteurs qui les ont cultivés. Mais l'expérience ne s'arrête pas là : recherchez la section dédiée à l'artisanat. Ici, vous serez témoin du savoir-faire des artisans locaux qui façonnent des paniers, des chapeaux, des couteaux traditionnels et d'innombrables autres articles. Le Mercado del Agricultor de Tacoronte ouvre ses portes les samedis et dimanches de 8h00 à 14h00.

Plus de marchés et de trouvailles uniques

Mercadillo del Puerto de la Cruz : Ce marché aux puces bénéficie d'un emplacement privilégié dans la station balnéaire populaire de Puerto de la Cruz, au nord de Tenerife. Retrouvez-le dans les rues entourant l'Avenida Blas Pérez González les mercredis et dimanches de 9h à 14h. Le Mercadillo del Puerto de la Cruz propose une sélection éclectique de vêtements, chaussures, sacs, livres, antiquités, souvenirs et bien plus encore provenant de vendeurs locaux. C'est également un endroit idéal pour découvrir des objets artisanaux comme des peintures, des bijoux et de magnifiques céramiques créées par des artistes locaux talentueux.

Centro de Artesanía de La Orotava : Rendez-vous dans la ville historique de La Orotava, au nord, pour ce marché artisanal installé dans un magnifique manoir du XVIIe siècle. Ici, le travail de plus de 50 artisans qualifiés, spécialisés dans un large éventail de métiers, occupe une place centrale. Observez des broderies et des dentelles complexes, émerveillez-vous devant des démonstrations de poterie et de sculpture sur bois et explorez de magnifiques exemples de vannerie et de ferronnerie. Vous aurez l'occasion d'en apprendre davantage sur leurs techniques et leurs traditions séculaires et, bien sûr, de rapporter à la maison vos pièces préférées. Le centre est ouvert du lundi au vendredi (10h-14h, 16h-19h) et le samedi (10h-14h).

Mercadillo de Artesanía de Los Cristianos : Découvrez ce marché artisanal dans la station balnéaire du sud de Los Cristianos. Ouvert tous les dimanches de 10h à 14h, il est situé sur la promenade du bord de mer et offre une vue imprenable sur l'océan et les montagnes. Explorez un large éventail d'objets artisanaux exquis créés par des artisans locaux spécialisés dans le cuir, le bois, le verre et les textiles. Votre expérience du marché est encore renforcée par les divertissements animés souvent proposés par des artistes de rue talentueux.

Informations pratiques pour les voyageurs

Options d'hébergement

Hôtels

MYND Adeje : le confort moderne au Sud

Cet hôtel 4 étoiles bénéficie d'un emplacement privilégié dans la station touristique populaire d'Adeje, dans la région sud de Tenerife. MYND Adeje accueille ses clients dans des chambres spacieuses et élégantes équipées de balcons, de la climatisation et d'une connexion Wi-Fi gratuite. Détendez-vous au bord de la piscine extérieure, faites de l'exercice dans le centre de remise en forme, promenez-vous dans les jardins ou savourez un délicieux repas au restaurant sur place. Sa proximité avec la plage, un parcours de golf renommé et le passionnant parc aquatique Siam Park ajoute à son attrait. MYND Adeje bénéficie d'une note impressionnante de 9,2 sur 10, les visiteurs louant son personnel amical, ses installations de premier ordre et son emplacement idéal.

Hôtel El Tejar & Spa : retraite à flanc de montagne

Pour ceux qui recherchent la tranquillité et la beauté naturelle des montagnes de Tenerife, l'Hôtel El Tejar & Spa 2 étoiles situé dans le charmant village de Vilaflor offre une délicieuse évasion. Les chambres confortables et rustiques disposent de parquet, du chauffage et d'une connexion Wi-Fi gratuite. Détendez-vous dans le jardin, admirez la vue depuis la terrasse, savourez un repas au restaurant ou profitez du spa. Entouré de forêts de pins luxuriantes et de sentiers de randonnée, cet hôtel est le rêve des amoureux de la nature. Les excellents commentaires des clients ont valu à l'Hôtel El Tejar & Spa une note de 9,1 sur 10, le personnel, la nourriture et les paysages époustouflants étant régulièrement notés comme points forts.

Royal River, hôtel de luxe - adultes seulement : soins exclusifs

Autre joyau de la station balnéaire d'Adeje, cet hôtel 5 étoiles place la barre plus haut pour les escapades luxueuses à Tenerife. Royal River est un havre réservé aux adultes, connu pour ses somptueuses villas dotées de piscines privées, de jacuzzis, de terrasses et d'une connexion Wi-Fi gratuite. L'hôtel dispose d'une gamme impressionnante d'équipements, dont quatre restaurants, cinq piscines extérieures, un centre de remise en forme et trois bars. Idéal pour les couples en quête d'intimité, de confort et d'un air de romantisme, le Royal River mérite régulièrement les éloges des clients. Avec une note de 9,6 sur 10, les visiteurs sont ravis du design exquis, du service impeccable et de l'ambiance générale.

La Laguna Gran Hotel : Cette offre 4 étoiles moderne située dans la ville historique de La Laguna, au nord de Tenerife, propose des hébergements contemporains dotés de la climatisation, d'un minibar et d'une connexion Wi-Fi gratuite. Détendez-vous à la piscine sur le toit, restez en forme dans la salle de sport, détendez-vous dans le sauna ou profitez du restaurant sur place. Son emplacement idéal à proximité de la vieille ville, de la cathédrale et de l'université de La Laguna ajoute à son attrait. L'hôtel détient une note de 9,1 sur 10 grâce à son personnel amical, son délicieux petit-déjeuner et son emplacement idéal.

Hôtel Colon Rambla : Cet hôtel 3 étoiles situé dans la capitale animée de Tenerife, Santa Cruz de Tenerife, propose des chambres confortables et lumineuses avec balcon, climatisation et connexion Wi-Fi gratuite. Les avantages supplémentaires incluent une piscine extérieure, un jardin, un bar et un restaurant sur place. L'emplacement de l'hôtel, à proximité du port, du parc et des zones commerçantes, en fait un choix pratique. L'Hôtel Colon Rambla reçoit régulièrement des critiques positives, avec une note de 9 sur 10, reflétant son excellent personnel, sa propreté et son rapport qualité-prix.

Stations touristiques

Hard Rock Hotel Tenerife : là où la musique rencontre le luxe

Ce complexe 5 étoiles situé dans la station balnéaire méridionale d'Adeje promet une expérience inoubliable imprégnée de l'esprit du rock'n roll. Les chambres élégantes disposent d'un balcon, de la climatisation, d'un minibar et d'une connexion Wi-Fi gratuite. Trois piscines extérieures étincelantes, un spa rajeunissant, un centre de remise en forme, un club pour enfants amusant et un club de plage garantissent qu'il y en a pour tous les goûts. Pour les mélomanes, ce complexe brille vraiment : des concerts live, des sessions de DJ et des souvenirs de stars du rock légendaires préparent le terrain. Le Hard Rock Hotel Tenerife permet à ses clients de se nourrir et de se divertir avec six restaurants, quatre bars et un café proposant une délicieuse variété de plats et de boissons.

Bahia Principe Fantasia Ténérife
Situé dans la ville méridionale de San Miguel de Abona, ce complexe 5 étoiles est un paradis pour les familles en quête d'une évasion fantaisiste. Les chambres spacieuses et décorées de couleurs vives disposent d'une terrasse, de la climatisation, d'un minibar et d'une connexion Wi-Fi gratuite. Deux piscines extérieures, un spa, un centre de remise en forme, un club pour enfants et une aire de jeux divertissent et engagent toute la famille. Le thème enchanteur des contes de fées du complexe, avec ses châteaux, ses personnages costumés et ses spectacles captivants, ravira les plus jeunes. Cinq restaurants, six bars et un snack-bar offrent de nombreuses options pour répondre aux goûts de chacun.

Adrián Hoteles Roca Nivaria

Ce complexe 5 étoiles, également situé à Adeje, offre une ambiance romantique et sereine parfaitement adaptée aux couples. Les chambres élégantes disposent d'un balcon, de la climatisation, d'un minibar et d'une connexion Wi-Fi gratuite. Les clients peuvent se détendre dans les deux piscines extérieures, profiter du spa, rester actifs au centre de remise en forme ou sur le court de tennis, ou profiter tranquillement d'une partie de minigolf. Des vues imprenables sur l'océan et les montagnes renforcent encore l'atmosphère tranquille. Adrián Hoteles Roca Nivaria garde ses clients bien nourris avec quatre restaurants, deux bars et un bar de piscine proposant des cuisines et des libations diverses.

Sol Arona Tenerife : Ce complexe 3 étoiles situé dans la zone balnéaire animée de Los Cristianos propose des chambres confortables et lumineuses avec balcon, climatisation et connexion Wi-Fi gratuite. Une piscine extérieure, un centre de remise en forme, une salle de jeux et une terrasse bien exposée offrent des options de loisirs. Son emplacement à proximité de la plage, du port et de la gare routière en fait un choix très pratique pour les voyageurs. Le complexe dispose également d'un restaurant buffet, d'un snack-bar et d'un bar-salon.

Parque Santiago III : Ce complexe 3 étoiles à Playa de las Americas offre une expérience animée. Les appartements modernes et spacieux comprennent des terrasses, une cuisine et une connexion Wi-Fi gratuite. Une piscine d'eau salée, une piscine pour enfants, un parc aquatique et une aire de jeux proposent des divertissements pour tous les âges. Son emplacement privilégié à proximité des commerces, des restaurants, des bars et des clubs ajoute à l'atmosphère animée. Les clients trouveront un restaurant au bord de la piscine, un café et un supermarché pour leur plus grand plaisir.

Villas

Les avantages d'une villa à Tenerife

Intimité : un havre de paix pour vous. Les villas sont le choix ultime pour ceux qui privilégient l'intimité et la paix. Profiter de votre propre piscine, jardin, terrasse et espace barbecue signifie ne pas partager avec d'autres invités ou voisins.

Détendez-vous dans le confort de vos propres espaces de vie, préparez vos repas dans une cuisine entièrement équipée et retirez-vous dans vos propres chambres sans risque de perturbations. Les villas vous permettent de créer votre propre emploi du temps détendu et de vous sentir vraiment chez vous pendant votre escapade.

Des équipements pour tous les désirs : les villas sont équipées de tout ce dont vous pourriez avoir besoin pour rendre votre séjour confortable et agréable. Attendez-vous à trouver des équipements tels que la climatisation, le chauffage, le Wi-Fi, la télévision, les lecteurs DVD, les machines à laver, les lave-vaisselle et bien plus encore. Vous pouvez même découvrir des villas dotées d'extras luxueux comme des jacuzzis privés, des saunas, des salles de sport ou des salles de jeux dédiées. Profitez de votre cuisine entièrement équipée pour préparer vos propres repas ou organisez des services de restauration ou de livraison pour plus de commodité. De nombreuses villas bénéficient également de l'aide d'un gestionnaire de villa qui peut vous aider pour tout, du nettoyage et de l'entretien aux réservations d'activités.

Espace pour s'étendre : Les villas sont un excellent choix pour ceux qui ont soif d'espace et de flexibilité pendant leurs vacances. Des cottages confortables parfaits pour les couples aux vastes demeures pouvant accueillir confortablement des groupes ou des familles plus importantes, les villas sont disponibles dans une large gamme de tailles et de capacités. Sélectionnez le nombre idéal de chambres et de salles de bains et adaptez l'agencement de la villa à vos besoins spécifiques. Les villas offrent également l'avantage supplémentaire d'un espace extérieur ; profitez de votre propre piscine privée, détendez-vous dans le jardin, profitez du soleil sur votre terrasse et préparez un délicieux repas sur le barbecue.

Emplacement : Les villas de Tenerife sont réparties sur toute l'île, chaque endroit offrant ses propres charmes et expériences uniques. Les amoureux de la plage peuvent rechercher des villas près du rivage, permettant un accès facile à la brise marine et à une variété de sports nautiques. Ceux qui recherchent la tranquillité et l'immersion dans la nature préféreront peut-être une villa à la campagne. Vous pouvez même trouver des villas dans les villes et villages, vous permettant de découvrir facilement la culture et la vie nocturne de l'île. Choisissez un emplacement de villa qui correspond parfaitement à vos intérêts et à l'expérience souhaitée à Tenerife.

Ressources pour trouver la villa de vos rêves
Ce ne sont là que quelques-uns des avantages incontestables du choix d'une villa à Tenerife – il y a tellement plus à découvrir ! Voici quelques sites Web de premier ordre pour vous aider à trouver et à réserver la villa idéale pour votre aventure à Tenerife :

TUI Villas : ce site Web propose une vaste sélection de maisons et d'appartements de vacances à travers Tenerife, y compris une gamme diversifiée de villas. Recherchez facilement par emplacement, prix, taille et commodités souhaitées. Lisez les commentaires et les notes laissés par les clients précédents pour vous aider dans votre sélection.

KARAT Luxury Rentals : Si vous recherchez une location de villa de luxe privée à Tenerife, ce site Web est une excellente ressource. Découvrez des villas dans des régions comme Costa Adeje, Guia de Isora, La Caldera, Santiago del Teide et autres. Des caractéristiques de luxe telles que des piscines chauffées, des jacuzzis et des vues imprenables sur l'océan peuvent être trouvées ici.

Vrbo : Ce site Web propose des locations de vacances auprès de propriétaires et de gestionnaires immobiliers, y compris une bonne sélection de villas. Vous trouverez des options dans des destinations comme Los Cristianos, Playa de las Americas, Puerto de la Cruz, et plus encore. Recherchez des villas présentant des caractéristiques spécifiques telles que des emplacements acceptant les animaux de compagnie, adaptés aux familles ou en bord de mer pour trouver la solution idéale.

Appartements

Pourquoi choisir un appartement à Tenerife ?

Espace pour se détendre et se détendre : les appartements sont une solution fantastique pour les voyageurs qui recherchent plus d'espace et d'intimité. Les options vont des studios confortables parfaitement adaptés aux couples aux penthouses tentaculaires pouvant accueillir confortablement des groupes ou des familles plus nombreux. Adaptez votre choix d'appartement aux besoins spécifiques de votre groupe, en sélectionnant le nombre idéal de chambres, de salles de bains et un agencement qui maximise l'espace personnel et le confort. Les appartements offrent également le luxe supplémentaire d'équipements comme un salon, une cuisine et souvent un balcon – parfaits pour se détendre, préparer des repas ou profiter d'un dîner en plein air.

Des équipements pour tous les besoins : les appartements offrent tout ce dont vous avez besoin pour garantir que votre séjour soit à la fois confortable et agréable. Attendez-vous à trouver des équipements tels que la climatisation, le chauffage, le Wi-Fi, la télévision, des machines à laver et des lave-vaisselle en standard. Vous pouvez même trouver des appartements dotés d'ajouts luxueux comme des jacuzzis, des saunas, des salles de fitness ou des piscines. Avoir votre propre cuisine entièrement équipée signifie que vous avez la liberté de préparer vos propres repas, ou que vous pouvez facilement organiser des services de restauration ou de livraison si vous le souhaitez. Certaines propriétés offrent également la commodité d'un gestionnaire d'appartement qui peut vous aider pour tout, du nettoyage et de l'entretien aux réservations d'activités.

Emplacement : Tenerife propose des appartements dans divers endroits, chacun présentant un aspect unique de la vie insulaire. Les amoureux de la plage peuvent rechercher des appartements à quelques pas du rivage, permettant un accès facile à la brise marine et à une variété de sports nautiques. Ceux qui recherchent la tranquillité et l'immersion dans la nature préféreront peut-être un appartement situé dans la campagne sereine. Vous pouvez même trouver des options d'appartements pratiques dans les villes et villages, vous permettant de découvrir facilement la culture et la vie nocturne animée de l'île. Choisissez un emplacement d'appartement qui correspond parfaitement à vos intérêts et à l'ambiance générale que vous recherchez pour votre aventure à Tenerife.

Meilleures ressources pour trouver votre appartement idéal TUI Villas : ce site Web propose une vaste sélection de maisons et d'appartements de vacances à travers Tenerife. Recherchez facilement par emplacement, prix, taille et commodités souhaitées. Lisez les avis et les notes laissés par les clients précédents pour vous aider à guider votre sélection.

Booking.com : Ce vaste site Web propose une grande variété d'hébergements à Tenerife, y compris une solide sélection d'appartements. Filtrez votre recherche en fonction de facteurs tels que l'emplacement, le prix, les notes des clients et les installations spécifiques. Consultez la disponibilité et les offres spéciales adaptées à vos dates de voyage préférées.

Vrbo : Ce site Web est spécialisé dans les locations de vacances auprès de propriétaires et de gestionnaires immobiliers, y compris une bonne sélection d'appartements à Tenerife. Vous trouverez des options dans des destinations comme Los Cristianos, Playa de las Americas, Puerto de la Cruz, et plus encore. Recherchez des appartements dotés de caractéristiques spécifiques, comme des emplacements acceptant les animaux domestiques, adaptés aux familles ou en bord de mer, pour trouver la solution idéale.

Dîner et manger au restaurant

Dîner délicieux à Tenerife

Tasca Tierras del Sur : Découvrez le charme de ce restaurant accueillant niché à Granadilla de Abona, dans la région sud de Tenerife. Ici, une délicieuse fusion de cuisine méditerranéenne et canarienne vous attend. La cuisine met l'accent sur les ingrédients frais et de saison, évidents dans des plats comme la salade de fromage de chèvre, le carpaccio de poulpe, le lapin à la sauce salmorejo et le délicieux gâteau aux amandes. Tasca Tierras del Sur impressionne également par sa cave à vin, où vous pourrez déguster certains des meilleurs vins de l'île et des destinations internationales.

Restaurant Tapaste : Ce restaurant moderne et élégant bénéficie d'un emplacement privilégié à Puerto de la Cruz, sur la côte nord de Tenerife. Tapaste est spécialisé dans l'art des tapas – de petites assiettes à partager, parfaites pour déguster une large gamme de saveurs. Des croquettes de jambon classiques et planches de fromages au tartare de thon et aux boulettes de viande salées, il y en a pour tous les goûts. Une terrasse extérieure offre une vue imprenable sur l'océan et la montagne pour améliorer votre expérience culinaire.

Restaurant Lucas Maes : Préparez-vous à être enchanté par l'élégance sophistiquée de ce restaurant situé à La Orotava, au nord de Tenerife. Le restaurant Lucas Maes est dirigé par Lucas Maes, un chef belge dont le parcours culinaire a inclus certaines des cuisines les plus prestigieuses d'Europe. Le menu présente une cuisine internationale contemporaine, avec des plats comme la terrine de foie gras, le risotto au homard, le jarret d'agneau et l'incontournable soufflé au chocolat. Pour une touche romantique, demandez une table dans leur jardin pour une soirée inoubliable sous les étoiles.

La Cueva Caprichosa : Pour une expérience culinaire vraiment unique à Tenerife, aventurez-vous dans ce restaurant à Icod de los Vinos, sur la côte nord-ouest de l'île. La Cueva Caprichosa est située dans une grotte naturelle créée par une coulée de lave historique. Attendez-vous à un menu traditionnel et rustique comprenant des plats canariens comme la chèvre rôtie, le fromage grillé, les calamars frits et le gâteau au miel. La cheminée chaleureuse ajoute à l'ambiance.

Restaurant Kabuki Abama : Découvrez ce restaurant luxueux et exclusif au sein de l'Abama Golf & Spa Resort à Guia de Isora (sud-ouest de Tenerife). Faisant partie du groupe Kabuki, qui compte plusieurs restaurants étoilés Michelin en Espagne, cet endroit propose une délicieuse fusion de cuisine japonaise et méditerranéenne. Savourez des plats savamment préparés comme la salade de sashimi, le bœuf wagyu, la morue noire et la glace au thé vert. La terrasse du restaurant offre une vue imprenable sur le parcours de golf et l'océan, ajoutant une autre couche de luxe à votre expérience culinaire.

Transport

Voyage en avion

Tenerife est desservie par deux aéroports stratégiquement situés sur les côtés opposés de l'île :

Aéroport de Tenerife Nord : Situé au nord, cet aéroport gère principalement les vols intérieurs en Espagne et les voyages entre les îles Canaries.

Aéroport de Tenerife Sud : Cet aéroport du sud est la plaque tournante des vols internationaux et des vols charters. Vous trouverez des liaisons vers de nombreuses villes européennes et africaines.

Skyscanner est une ressource pratique pour comparer et réserver des vols vers Tenerife. Il vous permet de rechercher facilement les meilleurs itinéraires et les meilleurs prix adaptés à votre itinéraire.

Voyager par mer
Tenerife dispose de plusieurs ports accueillant des ferries, des bateaux et même des bateaux de croisière :

Des ports comme Santa Cruz de Tenerife, Los Cristianos et Los Gigantes proposent des liaisons par ferry vers d'autres îles Canaries, notamment des destinations populaires comme Gran Canaria, La Gomera et La Palma.

Pour les voyageurs qui apprécient un rythme tranquille et des paysages magnifiques, les croisières incluent souvent Tenerife comme escale. Ces compagnies de croisière proposent des excursions et des activités sur l'île, vous donnant un avant-goût de ses nombreux attraits.

Voyager par voie terrestre
Tenerife dispose d'un vaste réseau de routes et d'autoroutes, ce qui facilite sa découverte en voiture, en bus, en taxi ou en tramway :

Location de voitures : La location d'une voiture offre flexibilité et indépendance à ceux qui apprécient la liberté de définir leur propre itinéraire. Des sociétés comme Avis, Europcar et Hertz ont des succursales sur l'île, offrant une gamme d'options de location.

Bus public : Le système de bus public, connu sous le nom de TITSA, est à la fois abordable et fiable. Ils couvrent largement Tenerife, ce qui en fait une option de transport pratique et économique. Les billets peuvent être achetés à l'unité, aller-retour ou sous forme de pass rechargeables et vous pouvez payer en espèces ou par carte.

Tram : Le système de tramway Metrotenerife offre des liaisons rapides et pratiques entre Santa Cruz de Tenerife et La Laguna. Vous pouvez acheter des billets simples, des billets aller-retour ou des pass rechargeables et, comme le bus public, payer en espèces ou par carte.

Taxi : Des taxis sont facilement disponibles dans les villes et villages de Tenerife. Ils sont dotés d'un compteur pour une tarification fiable et peuvent être appelés directement dans la rue, réservés à l'avance auprès d'une compagnie de taxi ou, pour plus de commodité, via des applications comme Free Now ou Pidetaxi.

Conseils de sécurité et contacts d'urgence

Sécurité solaire : Tenerife bénéficie d'un climat subtropical, ce qui signifie que le soleil peut être assez intense, en particulier pendant les mois d'été. Protégez-vous toujours avec un écran solaire, même par temps nuageux. Portez un chapeau, des lunettes de soleil et restez hydraté en buvant beaucoup d'eau pour éviter les coups de soleil, la déshydratation et le risque d'épuisement dû à la chaleur.

Respecter la culture et les lois : Tenerife faisant partie de l'Espagne, elle suit les mêmes coutumes et lois que le continent. Soyez respectueux des traditions locales, des pratiques religieuses et de l'étiquette en général. Évitez les comportements qui pourraient être considérés comme offensants ou illégaux. Familiarisez-vous avec les lois et coutumes espagnoles avant de voyager – par exemple, évitez de boire de l'alcool dans les espaces publics, abstenez-vous de fumer à l'intérieur et soyez toujours conscient de la nécessité de protéger le magnifique environnement de l'île.

Sensibilisation aux routes et à la circulation : Tenerife dispose d'un bon réseau routier et autoroutier ; cependant, certains itinéraires, notamment dans les zones montagneuses, peuvent être étroits, présenter des courbes prononcées ou des pentes abruptes. Soyez prudent lorsque vous conduisez, respectez toujours les limites de vitesse affichées et soyez attentif aux panneaux de signalisation. Si vous envisagez de louer un véhicule, assurez-vous que la voiture est en bon état de fonctionnement et que vous disposez de toutes les assurances et documents nécessaires.

N'oubliez pas qu'en Espagne, on conduit du côté droit de la route et le volant est à gauche.

Mer et météo : les magnifiques plages et criques de Tenerife constituent un attrait majeur, mais il est essentiel de faire preuve de prudence dans l'eau. Des courants puissants, des vagues ou des rochers cachés peuvent présenter un risque pour les nageurs et les surfeurs. Observez toujours les drapeaux et les panneaux affichés sur les plages. Évitez de nager ou de surfer seul ou dans des zones non surveillées. Les conditions météorologiques peuvent changer rapidement, affectant potentiellement la visibilité et l'état de la mer, alors restez informé des prévisions.

Sauvegarde et sécurité personnelle : Tenerife jouit d'une réputation de destination sûre et conviviale ; cependant, il est sage de toujours être conscient de votre environnement, en particulier dans les zones très fréquentées ou touristiques, car des délits mineurs comme des vols à la tire ou des escroqueries peuvent survenir. Protégez soigneusement vos objets de valeur, évitez de transporter inutilement de grosses sommes d'argent ou des documents importants et utilisez les coffres-forts ou casiers fournis par votre hébergement. Si des inconnus vous approchent et vous proposent quelque chose ou demandent de l'aide, restez poli mais ferme et éloignez-vous. Si vous ne vous sentez pas en sécurité ou menacé, demandez de l'aide dans un magasin ou un restaurant à proximité ou contactez la police.

Coordonnées d'urgence

Le numéro d'urgence universel de Tenerife est le 112. Les opérateurs peuvent vous aider en anglais et dans d'autres langues et vous mettront en contact avec le service approprié dont vous avez besoin, qu'il s'agisse d'une ambulance, de la police, des pompiers ou des garde-côtes.

Voici quelques autres contacts essentiels à avoir sous la main :

Police nationale (091) : Pour l'assistance en cas de délits tels que le vol, l'agression ou la fraude. Ils peuvent également vous aider à signaler un passeport, une carte de crédit ou d'autres documents importants perdus ou volés.

Garde civile (062) : Ce service patrouille dans les zones rurales, les autoroutes et les frontières. Vous pouvez également les contacter pour obtenir de l'aide concernant des problèmes environnementaux tels que les incendies de forêt, la protection de la faune ou la chasse illégale.

Assistance médicale
Croix-Rouge : Santa Cruz (922 28 18 00), La Laguna (922 25 96 26), La Orotava (922 33 01 01), Puerto de la Cruz (922 38 38 12)

Aéroports
Tenerife Nord (922 63 58 00)
Tenerife Sur (922 75 90 00)

Compagnie de bus Titsa (922 53 13 00) : contact pour les horaires de bus, les itinéraires, les tarifs et autres services.

Guide d'initié à Tenerife

Attractions hors des sentiers battus

Sentier El Pijaral : Ce sentier de randonnée au sein du parc rural d'Anaga, une réserve de biosphère de l'UNESCO avec le plus grand nombre d'espèces endémiques de toute l'Europe, promet une expérience exceptionnellement unique. Son accessibilité limitée ajoute à son attrait : les réservations doivent être faites 15 jours à l'avance. Le sentier vous emmène à travers un type rare et ancien de forêt de lauriers que l'on trouve dans très peu d'endroits dans le monde. Admirez la diversité de la flore et de la faune tout en admirant des vues imprenables sur les montagnes et l'océan.

Los Desrriscaderos : Dirigez-vous vers Granadilla de Abona pour admirer ce monument naturel. Ses éléments distinctifs, comme la pierre ponce et le millepertuis, créent un paysage visuellement saisissant. La convergence de plusieurs ravins locaux à cet endroit contribue encore à son attrait pittoresque. Rejoignez ce site par une route rurale et prenez le temps d'observer la faune, notamment les hiboux, les pigeons sauvages, les crécerelles et d'autres oiseaux qui habitent la région.

Montaña Amarilla : La teinte jaune-ocre saisissante de cette montagne contraste fortement et magnifiquement avec le fond volcanique de La Graciosa, une petite île située près de Tenerife. Entouré de falaises et d'eaux d'un bleu profond, c'est un lieu d'une beauté captivante. Vous pouvez rejoindre Montaña Amarilla en vélo, en taxi ou à pied depuis Caleta de Sebo, la ville principale de La Graciosa. Profitez des criques à proximité, parfaites pour une baignade rafraîchissante ou une plongée en apnée parmi les poissons colorés et les récifs coralliens.

Fiesta de San Andres : généralement organisé le 29 ou le 30 novembre, ce festival culturel célèbre l'arrivée de la nouvelle saison viticole dans les villages du nord de Tenerife, comme La Orotava, Puerto de La Cruz, Icod de Los Vinos et San Juan de La Ramba. . Attendez-vous à un événement animé et rempli de traditions. L'un des points forts est "l'arrastre de las tablas", où les habitants glissent sur des routes escarpées sur des planches de bois, créant un spectacle de bruit et d'étincelles. Bien entendu, la dégustation du vin nouveau accompagné de châtaignes grillées et de spécialités locales est un autre incontournable du festival !

Plage de Bollullo : découvrez la beauté isolée de cette plage de sable noir nichée au milieu des plantations de bananes et des falaises sur la côte nord de Tenerife. Son emplacement relativement isolé signifie moins de monde, ce qui vous permet de véritablement apprécier son charme naturel. Rejoignez la plage de Bollullo via une promenade pittoresque depuis la ville de La Orotava, en admirant la vue sur la vallée et l'océan. N'oubliez pas que les courants et les rochers nécessitent de la prudence, mais c'est un bel endroit pour nager ou surfer.

La Orotava : Cette ville historique se trouve dans la vallée d'Orotava, réputée pour sa beauté et ses terres fertiles. Un riche héritage culturel et architectural remontant au XVIe siècle vous attend. Prenez le temps de visiter la Casa de Los Balcones, une maison traditionnelle canarienne avec des balcons et des cours en bois, et l'Iglesia de La Concepción, une église baroque avec une magnifique tour. Les Jardines Victoria, un jardin botanique regorgeant de plantes exotiques et de sculptures, sont un autre délice. Et n'oubliez pas de savourer des spécialités locales comme les papas arrugadas, la sauce mojo et la délicieuse crème au caramel connu sous le nom de quesillo.

Explorations insulaires : de la ville au sommet
Santa Cruz de Tenerife : Cette capitale dynamique n'est pas seulement un point sur la carte ; c'est un centre culturel et de divertissement regorgeant de choses à découvrir. Santa Cruz de Tenerife est réputée pour son carnaval annuel, reconnu comme l'un des plus grands au monde. Cherchez l'emblématique Auditorio de Tenerife, dont l'architecture moderne et saisissante rappelle une voile. Pour un aperçu fascinant de l'histoire et de l'environnement naturel de l'île, explorez le Museo de la Naturaleza y el Hombre. Détendez-vous dans le vaste Parque García Sanabria, orné de fontaines, de sculptures et d'expositions florales colorées. Santa Cruz de Tenerife offre également une vie nocturne animée, une délicieuse cuisine locale et même de belles plages, comme Las Teresitas, avec son sable doré distinctif.

Parc national du Teide : préparez-vous à être impressionné par ce site classé au patrimoine mondial de l'UNESCO, qui abrite le majestueux El Teide. Ce sommet détient non seulement le titre de point culminant d'Espagne, mais également le troisième volcan le plus haut du monde. Le parc national du Teide englobe une étonnante diversité de paysages : champs de lave, cratères, formations rocheuses uniques et forêts luxuriantes. Faites de la randonnée ou du vélo pour explorer ses merveilles, ou pour une expérience vraiment à couper le souffle, prenez le téléphérique jusqu'au sommet du Teide. Les vues panoramiques sur Tenerife et les eaux environnantes sont tout simplement inoubliables. Même les amateurs d'astronomie trouveront leur bonheur ici : l'observatoire du parc offre un aperçu du paysage volcanique et du ciel étoilé au-dessus.

Dégustation de vins : un délice pour les sens : Tenerife possède une riche tradition viticole, avec divers cépages et styles créant des millésimes distinctifs et délicieux. Embarquez pour une aventure gustative à travers les régions viticoles de l'île – Tacoronte-Acentejo, Valle de la Orotava, Ycoden-Daute-Isora et Abona – et dégustez des vins produits localement comme Malvasia, Listán Negro et Marmajuelo. De nombreux établissements vinicoles proposent des visites vous permettant de vous plonger dans le processus de production, l'histoire et la culture entourant les vins de Tenerife. Et qu'est-ce qui se marie mieux avec le vin que le fromage ? Offrez-vous des spécialités régionales comme Flor de Guía, Queso de Cabra et Queso Palmero pour le goût parfait de Tenerife.

Joyaux cachés et endroits secrets
Taganana : Niché dans le coin nord-est de Tenerife et entouré par le luxuriant parc rural d'Anaga, une réserve de biosphère de l'UNESCO, se trouve le charmant village de Taganana. L'une des plus anciennes colonies de l'île, elle a magnifiquement préservé sa culture et son architecture traditionnelles. Explorez son église blanchie à la chaux et son musée local, ou visitez une cave à vin à proximité où vous pourrez déguster des vins élaborés à partir de vignes anciennes. Les vues imprenables sur les montagnes, la mer et les plages voisines comme les magnifiques Benijo et Roque de las Bodegas sont le complément parfait à votre séjour à Taganana.

El Mirador : ce restaurant à flanc de falaise offre une expérience culinaire inoubliable avec un paysage à couper le souffle. Surplombant Benijo, l'une des plages les plus isolées et les plus belles de Tenerife, El Mirador séduit avec des plats traditionnels canariens comprenant des plats comme du poisson grillé, du fromage de chèvre et une savoureuse sauce mojo. En dessert, laissez-vous tenter par la crème d'amande douce connue sous le nom de bienmesabe. Mais ce sont les vues panoramiques sur la plage, l'océan et les formations rocheuses uniques qui rendent cet endroit si spécial, surtout au coucher du soleil, lorsque le ciel devient une toile de couleurs vibrantes.

Gustofino : Situé au cœur de la capitale de Tenerife, Santa Cruz de Tenerife, cette boutique gastronomique et bar à apéritif se régale de tout ce qui est italien. Découvrez une gamme de fromages, salamis, conserves, friandises, vins, bières artisanales et spiritueux provenant d'Italie. Vous pouvez également choisir de vous détendre avec un délicieux apéritif d'inspiration italienne – pensez à une sélection de fromages, jambons, olives, pain et un vin parfaitement assorti. L'atmosphère chaleureuse, le service amical et le personnel compétent promettent une visite mémorable.

Los Desrriscaderos : visitez ce monument naturel du sud de Tenerife pour découvrir ses caractéristiques naturelles distinctives : les pierres ponces et le millepertuis. La convergence pittoresque des ravins locaux rehausse encore la beauté de ce site. Arrivez par une route rurale et prenez le temps d'observer la faune locale, qui comprend des hiboux, des pigeons sauvages, des crécerelles et d'autres oiseaux.

Fiesta de San Andres : Cette fête traditionnelle célébrant l'arrivée de la nouvelle saison viticole a lieu dans les villages du nord de Tenerife comme La Orotava, Puerto de La Cruz, Icod de Los Vinos et San Juan de La Ramba. Se déroulant généralement le 29 ou le 30 novembre, c'est une occasion joyeuse remplie de coutumes de longue date. Soyez témoin de l'« arrastre de las tablas », où les habitants glissent dans les rues escarpées sur des planches de bois, créant un spectacle de bruit et d'étincelles. Et que serait une fête du vin sans déguster les nouveaux millésimes aux côtés de châtaignes grillées et autres gourmandises locales ?

Plage de Bollullo : Cette plage de sable noir isolée, cachée dans les plantations de bananes et les imposantes falaises le long de la côte nord de Tenerife, dégage un charme naturel et préservé. Son éloignement relatif signifie moins de monde. Rejoignez la plage via une promenade pittoresque depuis la ville de La Orotava, en admirant la vue sur l'océan et la vallée au fur et à mesure. Même si les courants et les rochers nécessitent de la prudence, la plage de Bollullo est un excellent endroit pour nager ou profiter du surf.

Conseils pour éviter les foules

Le timing est primordial : Tenerife connaît sa haute saison touristique pendant les mois d'été (juillet à septembre) et d'hiver (décembre à février). Pour une expérience moins fréquentée, envisagez de visiter pendant les saisons intermédiaires du printemps (de mars à juin) ou de l'automne (d'octobre à novembre). Les conditions météorologiques à ces périodes restent agréables, mais l'île voit moins de monde. Il est également préférable d'éviter de voyager pendant le Carnaval et Pâques, car ce sont des périodes populaires et festives sur l'île.

Explorez le nord de Tenerife : alors que la partie sud de Tenerife abrite de nombreuses stations touristiques, plages et attractions populaires comme Playa de las Américas, Los Cristianos et Siam Park, s'aventurer vers le nord promet une expérience plus rurale, authentique et moins mouvementée. Découvrez les charmes de villages comme La Orotava, Garachico, La Laguna et Santa Cruz de Tenerife. Profitez de leur cuisine locale, de leur architecture unique et de leurs histoires fascinantes.

Faites une randonnée stratégique dans le parc national du Teide : ce site classé au patrimoine mondial de l'UNESCO, qui abrite le majestueux El Teide (le plus haut sommet d'Espagne et le troisième plus haut volcan du monde), est indéniablement spectaculaire. Les paysages diversifiés du parc, composés de champs de lave, de cratères, de formations rocheuses inhabituelles et de forêts, offrent une richesse de beauté naturelle. Si vous souhaitez éviter les foules dans le parc, arrivez très tôt le matin ou optez pour des sentiers moins fréquentés comme ceux menant à Pico Viejo ou à Montaña Blanca. Bien sûr, un trajet en téléphérique jusqu'au sommet du Teide offre des vues à couper le souffle, mais les lève-tôt attrapent le ver (et évitent les files d'attente !).

Recherchez des plages isolées : Tenerife est connue pour ses belles plages, mais naturellement, certaines sont plus populaires que d'autres, en particulier celles situées le long de la côte sud. Pour découvrir votre propre coin de paradis, recherchez les plages les plus isolées que l'on trouve souvent sur les côtés nord ou est de l'île. Certaines, comme Playa de Antequera, Playa de Benijo, Playa de las Gaviotas ou Playa de Montaña Amarilla, nécessitent un accès à pied ou en bateau, ce qui ajoute à leur attrait. Ces joyaux cachés offrent du sable immaculé, des eaux claires et des paysages naturels époustouflants – une évasion parfaite loin de la foule.

Parcourez l'île en bus : Opter pour les transports en commun plutôt que pour conduire et trouver un parking vous permet de vous asseoir et de véritablement découvrir l'île. Le système de bus efficace, abordable et convivial de Tenerife, TITSA, assure des liaisons entre tous les principaux points d'intérêt tels que les aéroports, les villes, les plages et le parc national. Profitez de la carte de bus Bono, qui offre des réductions et des transferts illimités. Voyager en bus vous permet de vous imprégner du paysage et d'observer la vie locale pendant que quelqu'un d'autre s'occupe de la navigation.

annexe

Applications utiles

Packpoint : Cet organisateur de voyage gratuit élimine les incertitudes quant à ce qu'il faut apporter. Saisissez simplement des détails tels que votre destination, la durée du voyage et les activités prévues, et l'application génère une liste de colisage sur mesure juste pour vous. Packpoint se synchronise même avec d'autres applications de voyage comme TripIt et vous permet de partager votre liste avec d'autres voyageurs, garantissant ainsi que tout le monde est préparé. Retrouvez Packpoint sur les plateformes iOS et Android.

Cartes topographiques de Tenerife : outil inestimable pour les amateurs de plein air, cette application fournit des cartes topographiques hors ligne de Tenerife. Parfait pour les randonneurs, les cyclistes ou toute personne désireuse d'explorer la beauté naturelle de l'île. Téléchargez les cartes des zones choisies avant de partir, puis utilisez-les sans avoir besoin d'une connexion Internet. L'application suit même votre position, votre distance, votre altitude et votre vitesse, et vous permet d'enregistrer des itinéraires et des points de cheminement pour référence future. Tenerife Topo Maps est disponible pour les appareils Android.

Tenerife ON : Cette application complète offre une abondance d'informations et de recommandations pour vous aider à trouver le meilleur de Tenerife. Recherchez des plages, des musées, des restaurants, des bars ou des événements. Consultez les notes, les avis, les photos et les emplacements pour chacun, vous aidant ainsi à faire des choix éclairés. Créez l'itinéraire de vos rêves, enregistrez vos favoris et partagez vos aventures à Tenerife avec d'autres utilisateurs. Tenerife ON est disponible pour les appareils iOS et Android.

Vía Móvil : Découvrez l'application officielle du réseau de transports publics de Tenerife, y compris les bus et les tramways. Achetez des billets, planifiez des itinéraires, consultez les horaires, vérifiez les tarifs et les arrêts, et consultez l'emplacement et les informations d'arrivée en temps réel des véhicules directement dans l'application. Profitez de la carte de bus Bono, offrant des réductions et des transferts illimités. Vía Móvil est disponible pour les appareils iOS et Android.

Google Maps : cette application populaire nécessite peu d'introduction. Il fournit des informations sur la navigation,  le trafic et les transports en commun dans le monde entier. Obtenez un itinéraire, affichez le temps et la distance estimés du trajet et sélectionnez le mode de transport optimal : voiture, vélo, marche ou transports en commun. Téléchargez à l'avance des cartes de vos destinations pour une utilisation hors ligne. Google Maps est disponible pour les appareils iOS et Android.

Scannez le code QR pour afficher les cartes de Tenerife et les avis d'autres touristes.

Itinéraire de 3 jours

Jour 1 : Explorer le parc national du Teide

Ce site classé au patrimoine mondial de l'UNESCO abrite le majestueux El Teide, le plus haut sommet d'Espagne et le troisième plus haut volcan du monde. Le parc national du Teide présente un éventail époustouflant de paysages : pensez aux champs de lave, aux cratères, aux formations rocheuses uniques et aux forêts luxuriantes. Choisissez votre méthode d'exploration : randonnée, vélo ou trajet panoramique en téléphérique jusqu'au sommet d'El Teide, où vous attendent des vues panoramiques sur l'île et le ciel environnant. Une visite à l'observatoire du parc offre la possibilité de se plonger dans les domaines fascinants de l'astronomie et de la volcanologie.

Il existe deux manières principales de découvrir le parc : participer à une visite guidée offrant un transport et des connaissances spécialisées, ou opter pour la location d'une voiture pour une aventure autoguidée. Si vous conduisez vous-même, gardez à l'esprit que l'accès au sommet du Teide est limité et nécessite un permis réservé à l'avance. Puerto de la Cruz constitue une excellente base pour les deux premiers jours de votre exploration et se trouve à environ une heure de route du parc.

Si le temps le permet, vous pouvez combiner votre aventure au Teide avec un arrêt dans la ville voisine de La Orotava. Cette ville possède un riche patrimoine historique et culturel remontant au 16ème siècle. Certains points forts incluent la Casa de Los Balcones, une maison canarienne traditionnelle ornée de balcons et de cours en bois ; l'Iglesia de La Concepción, une église baroque avec une tour imposante ; et Jardines Victoria, un jardin botanique regorgeant de plantes et de sculptures exotiques.

Jour 2 : Découvrez Masca et Los Gigantes
Voyagez vers le nord-ouest de Tenerife pour découvrir le village pittoresque de Masca. Entouré par les montagnes Teno et les spectaculaires gorges de Masca, ce village semble être à l'autre bout du monde. Masca possède une architecture traditionnelle magnifiquement préservée et une atmosphère tranquille, ce qui en fait l'un des endroits les plus uniques de l'île. Explorez le village et savourez sa sérénité, ou optez pour une expérience plus aventureuse : une

randonnée difficile mais enrichissante à travers les gorges de Masca. La descente de 3 heures mène à la mer, où un bateau réservé à l'avance vous attend pour vous emmener à Los Gigantes, une ville de la côte ouest de Tenerife.

Los Gigantes est réputée pour ses falaises impressionnantes qui semblent sortir tout droit de la mer, atteignant des hauteurs allant jusqu'à 800 mètres. Cette ville touristique populaire possède un port de plaisance, une plage et de nombreux restaurants et bars. Passez du temps à vous détendre à Los Gigantes ou faites une excursion en bateau inoubliable pour admirer les imposantes falaises depuis l'eau. Vous aurez peut-être même la chance de voir des dauphins ou des baleines espiègles !

Comme pour votre voyage au Teide, des visites guidées sont une option pour visiter Masca et Los Gigantes. Vous pouvez également choisir de louer une voiture pour la journée. Le trajet de Puerto de la Cruz à Masca prend environ une heure et demie. Préparez-vous à emprunter des routes étroites, sinueuses et escarpées par endroits, alors soyez prudent et conduisez lentement. Depuis Masca, le trajet pittoresque de

40 minutes jusqu'à Los Gigantes offre une fin plus relaxante à votre journée.

Jour 3 : Découvrez le parc national d'Anaga et au-delà
Commencez votre journée en quittant votre hébergement à Puerto de la Cruz et en vous dirigeant vers le parc national d'Anaga. Cette réserve de biosphère de l'UNESCO, située au nord-est de Tenerife, est un véritable paradis pour les amoureux de la nature. Elle abrite la plus forte concentration d'espèces endémiques de toute l'Europe et ses rares et anciennes forêts de lauriers ne se trouvent que dans une poignée d'endroits dans le monde. Explorez le vaste réseau de sentiers de randonnée du parc, chacun offrant des points de vue à couper le souffle et la chance de vous immerger dans la diversité des paysages et la culture unique du parc.

Tout comme vos jours précédents à Tenerife, il existe plusieurs façons d'aborder votre visite : les visites guidées offrent la facilité de transport et des commentaires compétents, ou optent pour la flexibilité d'une voiture de location. Le trajet depuis Puerto de la Cruz prend environ une heure.

Options d'itinéraire flexibles

Si votre heure de départ le permet, plusieurs possibilités s'offrent à vous pour terminer votre dernière journée sur l'île :

Exploration de Santa Cruz de Tenerife : En route vers Anaga, envisagez un arrêt dans la capitale de l'île, Santa Cruz de Tenerife. Cette ville animée offre des attractions intéressantes telles que l'Auditorio de Tenerife, son architecture moderne en forme de voile immédiatement reconnaissable, et le Museo de la Naturaleza y el Hombre, qui plonge dans la fascinante histoire naturelle et culturelle de Tenerife. Détendez-vous au milieu des fontaines, des sculptures et des expositions florales colorées du Parque García Sanabria, un grand parc urbain.

La Laguna : Un autre arrêt intéressant est le site de La Laguna, classé au patrimoine mondial de l'UNESCO, l'ancienne capitale de Tenerife. Admirez le magnifique centre historique avec ses bâtiments coloniaux, ses églises ornées et ses grands palais. Ne manquez pas la magnifique cathédrale, l'université historique et le musée d'histoire et d'anthropologie.

Proximité de l'aéroport : l'emplacement idéal de La Laguna, à environ 15 minutes en voiture de l'aéroport, en fait un dernier arrêt idéal avant de prendre votre vol de retour.

Séjour prolongé : Si vous avez le luxe de passer plus de temps à Tenerife, vous avez toujours la possibilité de prolonger votre séjour ! Passez quelques jours à explorer la côte sud, célèbre pour ses plages, ses parcs aquatiques et sa vie nocturne animée.

Itinéraire de 7 jours

Jour 1 : Bienvenue à Tenerife et découverte de Puerto de la Cruz

Commencez votre aventure en vous dirigeant vers la charmante ville de Puerto de la Cruz, qui vous servira de port d'attache pendant les quatre premiers jours de votre voyage. Cette ville située sur la côte nord de Tenerife offre un délicieux mélange d'attractions. Voici quelques idées pour remplir votre première journée :

Loro Parque : Ce zoo et aquarium renommé offre une chance passionnante de rencontrer une grande variété d'animaux et d'assister à des spectacles divertissants mettant en valeur leurs talents uniques.

Jardin botanique : Plongez dans une oasis luxuriante de plantes et de fleurs exotiques du monde entier dans ce magnifique jardin botanique.

Lago Martiánez : Conçu par le célèbre architecte César Manrique, ce complexe de piscines d'eau de mer offre une façon unique et rafraîchissante de se rafraîchir et de profiter du soleil de Tenerife.

En plus de ces attractions, promenez-vous tranquillement le long de la promenade, explorez le vieux port de pêche et savourez de délicieux exemples de la cuisine locale. Les papas arrugadas (petites pommes de terre salées), la sauce mojo (dans ses nombreuses variantes) et le quesillo (une délicieuse crème anglaise au caramel) sont de fantastiques introductions aux saveurs de Tenerife.

Se rendre à Puerto de la Cruz

L'aéroport de Tenerife Sud est la principale plaque tournante internationale de l'île et se trouve à environ une heure de route de Puerto de la Cruz. Les options pour rejoindre la ville incluent le bus, le taxi ou la voiture de location.

L'aéroport de Tenerife Nord, bien que plus petit, est situé plus près de Puerto de la Cruz, mais peut offrir moins d'options de vol.

Jour 2 : Découvrez Santa Cruz de Tenerife et La Laguna

Vivez un changement de rythme dynamique avec une excursion d'une journée dans la capitale animée de Santa Cruz de Tenerife et dans le joyau historique de La Laguna.

Santa Cruz de Ténérife

Cette ville cosmopolite offre une scène culturelle riche, des divertissements passionnants et des boutiques variées. Ne manquez pas ces moments forts :

Auditorio de Tenerife : L'architecture moderne et saisissante, qui rappelle une voile, est immédiatement reconnaissable.

Museo de la Naturaleza y el Hombre : Explorez la fascinante histoire naturelle et culturelle de Tenerife à travers les expositions du musée.

Parque García Sanabria : détendez-vous et ressourcez-vous dans ce vaste parc urbain parsemé de fontaines, de sculptures et d'expositions florales colorées.

Santa Cruz de Tenerife propose également une vie nocturne, une cuisine délicieuse et même des plages, comme la artificielle Las Teresitas avec son sable doré.

La Laguna : voyagez dans le temps en explorant ce site classé au patrimoine mondial de l'UNESCO, ancienne capitale de Tenerife. Le magnifique centre historique regorge de bâtiments coloniaux, d'églises ornées et de grands palais. Prenez le temps de visiter la magnifique cathédrale, la célèbre université et le musée d'histoire et d'anthropologie.

Transports : les bus, les tramways et les voitures de location offrent tous un accès facile à Santa Cruz de Tenerife et à La Laguna depuis Puerto de la Cruz. Attendez-vous à des temps de trajet d'environ 30 minutes en voiture, 45 minutes en bus et une heure en tramway.

Jour 3 : Aventure dans le parc national du Teide
Préparez-vous à être impressionné par la splendeur naturelle du parc national du Teide ! Ce site classé au patrimoine mondial de l'UNESCO abrite El Teide, le plus haut sommet d'Espagne et le troisième plus haut volcan du monde. Les divers paysages du Teide, qui comprennent des champs de lave, des cratères, des formations rocheuses inhabituelles et des forêts, créent une impression de beauté surnaturelle.

Choisissez comment vous souhaitez explorer : randonnée, vélo ou un voyage en téléphérique à couper le souffle jusqu'au sommet d'El Teide, où vous attendent des vues panoramiques sur l'île et les mers environnantes. L'observatoire du parc constitue une halte fascinante pour ceux qui s'intéressent à l'astronomie et à l'histoire volcanique de la région.

Vous pouvez opter pour une visite guidée ou louer une voiture et explorer de manière indépendante. Le parc se trouve à environ une heure de route de Puerto de la Cruz. Si vous conduisez vous-même, la réservation préalable d'un permis est essentielle pour accéder au sommet du Teide, car le nombre quotidien est limité.

Jour 4 : Explorer Icod de Los Vinos et Garachico
Changez de vitesse aujourd'hui en vous rendant dans la région nord-ouest de l'île pour découvrir les charmes uniques d'Icod de Los Vinos et de Garachico.

Icod de Los Vinos : Cette ville occupe une place particulière dans l'histoire de Tenerife, sa renommée étant due à un ancien dragonnier qui aurait plus de mille ans. Passez du temps à admirer cette merveille naturelle. Le charmant vieux centre de la ville mérite également d'être exploré : il comprend une église, un couvent et un musée offrant un aperçu supplémentaire de la région. Pour une expérience vraiment unique, plongez dans la Cueva del Viento, une grotte volcanique qui compte parmi les plus grands tubes de lave du monde.

Garachico : continuez votre voyage vers cette ville côtière avec une histoire à raconter. Autrefois principal port de l'île, une éruption volcanique en 1706 a changé son destin. Garachico a été reconstruit et conserve un caractère historique unique au milieu de son incarnation moderne. Explorez les vestiges de l'ancien fort, ainsi que l'église et le couvent. Un plongeon rafraîchissant dans les piscines naturelles formées par des coulées de lave anciennes est une délicieuse façon de se rafraîchir.

Transport : Des bus ou une voiture de location permettent d'accéder facilement à Icod de Los Vinos et Garachico depuis Puerto de la Cruz. Les temps de trajet sont d'environ 30 minutes en voiture ou 45 minutes en bus.

Jour 5 : Délices du Sud - Los Cristianos et Playa de las Américas
Échangez les paysages du nord contre la région sud de Tenerife, où vous trouverez la majeure partie des stations touristiques de l'île, des plages ensoleillées et des attractions passionnantes. Choisissez l'une de ces villes comme base pour les deux derniers jours de votre voyage :

Los Cristianos : Cet ancien village de pêcheurs s'est transformé en un pôle touristique populaire et animé. Elle possède une longue plage de sable, une marina animée et un éventail attrayant de restaurants, bars et boutiques. Pour les excursions d'une journée, envisagez de prendre un ferry depuis Los Cristianos vers les îles voisines de La Gomera, El Hierro ou La Palma.

Playa de las Américas : C'est la station balnéaire la plus connue et la plus animée de Tenerife. Attendez-vous à une étendue de plage apparemment sans fin avec une promenade animée parfaite pour se promener. Avec une vie nocturne abondante, des divertissements et des options de shopping, vous ne manquerez pas de choses pour vous occuper. Ne manquez pas Siam Park, l'un des parcs aquatiques les plus grands et les plus excitants d'Europe, rempli de toboggans palpitants, de piscines à vagues relaxantes et de jardins tropicaux luxuriants.

Transport : rejoignez la destination méridionale de votre choix en bus, en taxi ou en voiture de location. Le trajet depuis Puerto de la Cruz dure environ 1h30 en voiture ou 2h en bus.

Jour 6 : Los Gigantes & Masca Aventure
Découvrez deux autres joyaux de Tenerife : Los Gigantes et Masca.

Los Gigantes : Cette ville côtière de l'ouest est immédiatement reconnaissable à ses falaises impressionnantes qui semblent s'élever directement de la mer jusqu'à des hauteurs allant jusqu'à 800 mètres. Profitez de la marina, de la plage et de la variété de restaurants et de bars. Pour une expérience vraiment spéciale, faites une excursion en bateau pour admirer une vue imprenable sur les falaises depuis l'eau – vous pourriez même apercevoir des dauphins ou des baleines !

Masca : voyagez dans le coin nord-ouest de l'île pour découvrir le village pittoresque de Masca, niché entre les montagnes de Teno et les spectaculaires gorges de Masca. L'un des villages les plus isolés et traditionnels de Tenerife, c'est comme remonter dans le temps en admirant son architecture préservée et en s'imprégnant de l'atmosphère paisible. Les visiteurs aventureux peuvent opter pour la randonnée difficile mais magnifique dans les gorges de Masca jusqu'à la mer (environ 3 heures). Organisez à l'avance un bateau pour vous ramener à Los Gigantes pour une fin pittoresque de votre journée.

Conseils de transport : des visites guidées sont disponibles pour visiter Los Gigantes et Masca, ou une voiture de location offre une option flexible. Les temps de trajet sont d'environ 40 minutes depuis les stations balnéaires du sud jusqu'à Los Gigantes et 30 minutes supplémentaires de Los Gigantes jusqu'à Masca. La route de Masca est connue pour être étroite, sinueuse et raide, alors soyez très prudent.

Jour 7 : Départ ou prolongation de votre aventure
En fonction de votre horaire de vol, c'est aujourd'hui soit votre jour de départ, soit l'occasion de vivre quelques expériences supplémentaires à Tenerife !

Parc rural d'Anaga : si le temps le permet, envisagez un voyage dans cette réserve de biosphère de l'UNESCO, au nord-est de Tenerife. Des forêts luxuriantes, des sentiers de randonnée pittoresques et des villages traditionnels vous attendent.

Candelaria : Cette ville de pèlerinage abrite une basilique, une place et des statues commémorant les rois Guanche, les premiers habitants de Tenerife.

PLANIFIEZ VOTRE VOYAGE ICI

PLANIFIEZ VOTRE VOYAGE ICI

Printed in France by Amazon
Brétigny-sur-Orge, FR